Els germans

Clàssics de Grècia i Roma, 21

RBA LA MAGRANA

TERENCI

ELS GERMANS

INTRODUCCIÓ, TRADUCCIÓ I NOTES
DE GEMMA PUIGVERT I PLANAGUMÀ

RBA

CLÀSSICS DE GRÈCIA I ROMA
Col·lecció dirigida per Joan Carbonell i Bàrbara Matas

Títol original: Ἀδελφοί

Av. Diagonal, 189 - Barcelona 08018
rballibres.com

Primera edició: maig de 2015.
Tercera edició: juliol de 2017.

RBA LA MAGRANA
REF.: OMAC410
ISBN: 978-84-8264-707-4
DIPÒSIT LEGAL: B. 7.869-2015

ANGLOFORT, S.A. • PREIMPRESSIÓ

Sumari

INTRODUCCIÓ

Sobre l'època de Terenci 9
Sobre l'obra de Terenci 12
Sobre la comèdia Els germans *de Terenci* 33
*Sobre la recepció i tradició d'*Els germans *de Terenci* 46

BIBLIOGRAFIA

Edicions de l'obra, 57. — Comentaris, 58. — Traduccions, 58. — Lèxics i índexs, 59. — Obres generals d'història de la literatura llatina, 59. — Obres generals sobre la comèdia romana, 60. — Obres sobre Terenci, 61. — Sobre la llengua i l'estil de Terenci, 62. — Pervivència del teatre de Terenci, 62.

ELS GERMANS

Didascàlia, 67. — Perioca de Gai Sulpici Apol·linar, 69. — Personatges de l'acció, 70. — Pròleg, 72. —Acte I, 74. — Acte II, 81. — Acte III, 93. — Acte IV, 109. — Acte V, 131.

Introducció

GEMMA PUIGVERT I PLANAGUMÀ

Clàudia, *filia amatissima, habe tibi quidquid hoc libelli.*
Vt ager quamuis fertilis sine cultura fructuosus esse
non potest, sic sine doctrina animus

CICERÓ, *Tusc.* 2, 13

Sobre l'època de Terenci

Coordenades històriques. El segle II aC. La Roma de Terenci

El final de la Segona Guerra Púnica, el 201 aC, havia alliberat Roma de l'únic adversari capaç de disputar-li el domini de la Mediterrània. Els cinquanta anys següents foren els de l'expansió que la convertiren en la principal potència mundial: es va apoderar de l'Àsia Menor, de Macedònia i de Grècia. Aquesta fase històrica conclou l'any 146 aC, quan els exèrcits romans destrueixen definitivament Cartago (Tercera Guerra Púnica) i saquegen Corint.

La brutalitat d'aquestes empreses militars fou interpretada com una decadència incipient dels antics valors, dels comportaments nobles i austers sobre els quals Roma havia assentat la seva història en els segles precedents. La insistència sobre la degeneració dels costums, sobre la corrupció provocada pel luxe i la riquesa, esdevindrà, d'ara endavant, gairebé un lloc comú en la moral de l'època. Certament, el creixement progressiu de Roma i el fet que passés de ser una petita ciutat-estat a la potència sobirana dels països mediterranis va comportar una modificació profunda de les estructures socioeconòmiques i culturals, que la historiografia moralística descriu en termes de pèrdua de les antigues *uirtutes*.

Assistim, efectivament, a una separació clara entre els diversos components de la societat: d'una banda, la classe dirigent acumula quantitats ingents de riquesa provinent del botí de les conquestes; fins i tot els petits comerciants veuen l'oportunitat d'enriquir-se amb l'obertura de nous mercats; de l'altra, l'antiga classe de petits propietaris agricultors —que havien estat la base de l'exèrcit en el procés d'expansió romana per la península Itàlica— es va empobrint i es veu obligada a cedir els camps o a abandonar-los per fer front als deutes. La propietat de les terres quedarà en mans d'uns pocs terratinents que les faran conrear als esclaus procedents de les diverses campanyes militars. Els antics propietaris rurals, obligats a malvendre les terres, passaran a engruixir la plebs urbana i constituiran, d'ara endavant, un factor d'inestabilitat social i una massa clientelar important per a les ambicions dels poderosos. Neix la «qüestió agrària», que estarà present en l'escena política romana en els dos últims segles de la república.

L'afirmació progressiva del domini romà sobre Grècia afavorí la importació del model cultural hel·lènic.[1] L'arri-

1. Horaci, *Epistulae* II, 1, 156-157: *Graecia capta ferum uictorem cepit et artis intulit agresti Latio.*

bada de nous costums grecs contribuí a homogeneïtzar l'aristocràcia romana i les classes dirigents d'Itàlia. També s'intensificaren les relacions polítiques: a banda de les nombroses ambaixades encomanades a intel·lectuals grecs cal recordar alhora la presència, entre els ostatges portats a Roma després de la Tercera Guerra Macedònica, de l'historiador Polibi.

També és important esmentar el fet que un gran nombre de llibres grecs va estar a disposició del públic culte arran de l'espoli i del trasllat a Roma de biblioteques senceres: el cas més famós és el de la biblioteca del rei de Macedònia, Perseu, portada a Roma per Luci Emili Paulus després de la victòria de l'any 168 aC.

La historiografia moderna ha insistit, potser de manera exagerada, a parlar d'una polarització dràstica, en el marc de la vida cultural romana, entre un partit «filohel·lènic» i un partit «antihel·lènic», representat aquest darrer pel sector de l'aristocràcia encapçalat per Cató el Censor. Però sí és cert que Cató, que dominà durant uns cinquanta anys l'escena intel·lectual romana, es preocupà de «filtrar» interessadament la penetració de la cultura grega, esforçant-se d'una banda a marginar els corrents culturals grecs, susceptibles d'esquerdar el *mos maiorum*, és a dir, la tradició, i de l'altra a impedir que emergissin personalitats carismàtiques, modelades a imatge dels homes polítics hel·lenístics, que poguessin fer trontollar els equilibris interns de l'aristocràcia. No podem dir pas que la seva postura fos la del rebuig de l'«altre», sinó la d'una reacció defensiva davant del desconeixement i la por respecte de la pèrdua de certs valors sobre els quals s'havia sustentat fins aleshores la societat romana.

Els promotors més destacats del procés d'hel·lenització de la cultura romana han estat identificats en el grup d'aristòcrates i intel·lectuals situats entorn de la figura de Publi Escipió Emilià.[2]

Sovint s'ha parlat de l'ambient escipiònic com d'un cercle[3] intel·lectual perfectament estructurat i amb consciència de ser-ho, la qual cosa pot explicar-se a partir dels diàlegs ciceronians com el *De republica* o el *De amicitia* que oferien una representació idealitzada dels debats que es desenvolupaven entorn del grup de Publi Escipió Emilià.

Sobre l'obra de Terenci

El marc genèric. La pal·liata romana: Plaute, Cecili Estaci i Terenci

El teatre, a Roma, en tots els seus aspectes, per a nosaltres insòlits, és un teatre diferent, perquè s'inscriu en el si d'una pràctica ritual pròpia de la civilització romana: els jocs, *ludi.* És per això que els romans no parlen de teatre, sinó de jocs escènics, *ludi scaenici.*

I és en el marc d'aquests *ludi scaenici* en què es representen les *fabulae,* comèdies.[4] Les *fabulae palliatae* consti-

2. Anomenat també l'Africà Menor; fill d'Emili Paulus, es va convertir en el destructor de Cartago i en el conqueridor de Numància.

3. L'expressió «cercle escipiònic» fou encunyada l'any 1850 per Bernardy per referir-se als amics cultivats d'Escipió Emilià (Cf. Cic. *De amicitia* 89). Fou àmpliament utilitzada per Pierre Grimal. Cf. *Le siècle des Scipions*, Aubier, París, 1953, p. 148-157.

4. La tradició ens ha llegat diversos tipus de *ludi*: els *ludi Megalenses* (del

tueixen el gruix més important pel que fa als testimonis escrits conservats. Les podríem anomenar «comèdies a la grega» perquè l'acció es desenvolupa sempre a Grècia i els personatges són grecs que vesteixen el *pallium* (mantell rectangular, llarg, que porten els homes grecs), per bé que l'esperit és totalment romà. Les *palliatae* prenen com a models Dífil, Filemó i Menandre, representants de la *Néa* o Comèdia Nova grega.

La *fabula togata* és, per oposició a la *palliata*, la comèdia «nacional» romana, en què els personatges, llatins i itàlics, vesteixen la toga, i en què l'acció transcorre en terres itàliques.[5]

Livi Andronic (*c.* 284-204 aC) fou el fundador de l'anomenada *fabula palliata*. Sabem que arribà a Roma, el 272 aC, com a presoner de guerra després de la caiguda de Tarent a mans de l'exèrcit romà; que fou esclau d'un aristòcrata pertanyent a la família dels Livis, i que, un cop afranquit, fundà una escola per a l'educació dels nobles i traduí en versos llatins l'*Odissea* d'Homer, en un intent de dignificar la llengua. Sabem també que els edils li compraren, l'any 240, una comèdia i una tragèdia gregues, traduïdes al llatí, perquè fossin representades als *ludi Romani*.

---

4 al 10 d'abril), en honor a la *Magna Mater*, deïtat originària de l'Àsia Menor; els *ludi Ceriales* (del 12 al 19 d'abril), en honor a Ceres; els *ludi Florales* (del 28 d'abril al 3 de maig), en honor a Flora; els *ludi Apollinares* (del 6 al 13 de juliol), en honor a Apol·lo; els *ludi Romani* (del 4 al 19 de setembre), en honor a Júpiter Capitolí; els *ludi Plebei* (del 4 al 17 de novembre), també en honor a Júpiter Capitolí. A més d'aquestes festes regulars, altres ocasions extraordinàries, com les exèquies fúnebres o les victòries, oferien motius per a representacions teatrals.

5. Altres tipus de representacions que podem trobar en escena són les atel·lanes, els mims i les tragèdies.

Els representants més importants de *fabulae palliatae* foren Tit Macci Plaute, Cecili Estaci i Publi Terenci Àfer.[6]

L'autor

Les notícies relatives a la vida i obra de Terenci ens han arribat a través de la biografia escrita per Suetoni, la *Vita Terentii*,[7] així com a partir d'un comentari detallat sobre cinc de les seves comèdies (manca el corresponent a *El torturador de si mateix*), elaborat el segle IV pel gramàtic Eli Donat.[8] Altres referències provenen de les citacions que trobem en altres autors llatins com ara Varró, Ciceró, Horaci, Sèneca, Quintilià, Aulus Gel·li, Apuleu, Ausoni, etc., de les explicacions que ens forneixen els gramàtics Fest, Probus, Evantes, Carisi, etc.; dels escolis d'Acró, Asconi, Lactanci Plàcid, o dels de Lucà, Persi, Juvenal, Estaci així com els del mateix Terenci que ens aporten els manuscrits.

Sabem, doncs, que va néixer a Cartago, en una data no ben fixada encara —entre el 195[9] i el 185/184[10] aC—,

6. Per a altres dades relatives al teatre, com ara l'origen de les representacions teatrals, els diferents tipus, autors i espai físic, consulteu G. Puigvert, «El teatre llatí», dins J. Carbonell-B. Matas (ed.), *Classignosi. Lectures de COU de llatí i grec 1995-1996*, Edicions de la Magrana, Barcelona, 1995, p. 167-206.

7. La *Vita Terentii* figurava en la secció *De poetis* del *De uiris illustribus*.

8. E. Donat, *Commentum Terentii*, Teubner, Leipzig, 1902-1905, ed. de P. Wessner, vol. I, p. 1-10.

9. Aquesta data té el suport textual, ja que alguns dels manuscrits de Donat que contenen la *Vita* ofereixen la xifra de trenta-cinc anys.

10. És la cronologia que ofereix Suetoni. La data del 185/184 aC coincidiria amb la mort de Plaute. Sant Jeroni, *Chronica*, endarrereix la seva mort fins a l'any 158 aC.

quan els seus predecessors en la comèdia (Plaute i Cecili Estaci) encara vivien.

La biografia al·ludeix al nom complet del comediògraf: Publi Terenci Àfer (*Publius Terentius Afer*),[11] a la seva pàtria i a la seva condició d'esclau del senador Terenci Lucà, que li donà el nom, el féu educar[12] com a home lliure i l'afranquí. El relat de Suetoni assenyala també l'amistat que l'uní amb diversos personatges il·lustres de Roma, especialment Publi Escipió Emilià l'Africà i Gai Leli.[13]

La biografia analitza també l'obra terenciana, és a dir, les sis comèdies conservades i esmenta un rumor, que circulava per Roma en època de Terenci, segons el qual Escipió i Leli l'ajudaven en la tasca de composició de les comèdies, rumor que el nostre autor no desmenteix, segurament, segons l'explicació que hi dóna Suetoni, perquè aquest fet era grat als seus protectors.

Finalment aquesta mateixa font ens fa saber que, un cop representades les sis comèdies, va emprendre un viatge, segons alguns a Grècia, segons uns altres a l'Àsia Me-

11. Per bé que Suetoni li atribueix un origen nord-africà, no queda clar que el terme *Afer* designi un origen específic. Tit Livi, per exemple, distingeix entre els conceptes de cartaginès i africà: *Carthaginienses Afrosque* (XXX 33, 5); *Carthaginienses mixti Afris* (XXVIII 14, 4 i 19). A més, el cognom *Afer* també podria fer referència a una característica física del personatge. Suetoni, *De vita Caesarum* 6, ens el descriu *mediocri statura, gracili corpore, colore fusco* («d'estatura mitjana, prim de constitució i molt bru»).

12. *Ob ingenium et formam* («pel seu talent i bellesa»).

13. *Cum multis nobilibus familiariter uixit, sed maxime cum Scipione Africano et Caio Lelio* («Terenci tingué intimitat amb molts nobles, però, sobretot, amb Escipió l'Africà i Gai Leli»). La crítica moderna ha fet veure, però, que aquests dos personatges eren massa joves per ser considerats ja grans autoritats públiques.

nor, d'on ja no tornaria: un viatge ben misteriós i una mort també ben misteriosa. Els motius que el devien portar a fer aquest viatge ja van ser molt discutits a l'antiguitat: evasió de les polèmiques romanes; desig de conèixer millor la vida que es representava a les seves comèdies; cerca de nous originals grecs. Segurament Terenci va inaugurar el «viatge d'instrucció» a Grècia, que després emprengueren altres literats com ara Virgili. Sobre les causes de la seva mort hi ha diverses hipòtesis: un naufragi,[14] una malaltia, o consumit pel dolor que li provocà la pèrdua de les comèdies que duia durant el naufragi.[15]

Gairebé cap de les dades aportades per Suetoni és indiscutible: ni el seu origen, ni la seva vida, ni la seva mort. L'únic punt sobre el qual és possible establir un acord, ja que gairebé hi ha unanimitat entre totes les fonts, és en el de la seva condició servil i en el de la seva estreta relació amb determinats aristòcrates.

L'entorn de l'autor. El «cercle» filohel·lènic dels Escipions

La conquesta romana de Grècia va afavorir la importació del model cultural hel·lènic (Horaci, *Epist.* II, 1, 156-157: *Graecia capta ferum uictorem cepit et artis intulit agresti Latio*), tal com s'ha dit.

Sabem que els principals promotors d'aquest procés

14. Segons Quint Cosconi, de qui només sabem que és anterior a Varró (aquest el cita en el *De lingua latina* VI 36 i 89).

15. Són aquestes tres raons les apuntades per Suetoni.

d'hel·lenització de la cultura romana han estat identificats amb el grup d'aristòcrates i intel·lectuals situats entorn de la figura de Publi Escipió Emilià, que en constituïa el nucli, al voltant del qual trobem polítics (com Q. Tuberó, Q. Escèvola, L. Fanni, R. Rutili, Gai Leli, a qui Ciceró converteix en figura principal del diàleg *Laelius de amicitia*), historiadors (com Polibi, que en la seva obra indagà els motius de la superioritat de Roma sobre altres nacions), filòsofs (com Paneci, el reformador de l'estoïcisme, que oferí un model de comportament als membres de l'aristocràcia romana), i literats (com Lucili, l'autor satíric).[16]

Probablement no van constituir un grup dotat d'un programa polític i cultural conscientment estructurat, sinó que més aviat es tractà d'una convergència de tendències i interessos hel·lenitzants per part de persones diverses que formaven part de l'aristocràcia romana. De tota manera, sí que és possible afirmar que des d'aquest entorn politicocultural es donà una embranzida definitiva al desenvolupament de la literatura llatina. L'obertura cap a la cultura grega va esdevenir un factor determinant per «desprovincialitzar» la classe dirigent romana i situar-la en un escenari que li permetés redefinir el seu paper dins l'imperi.

16. La crítica sempre ha fet referència al fet que Paneci arribà a Roma uns quants anys després de la desaparició de Terenci, que no hi ha cap indici de contacte intel·lectual entre Polibi i Terenci ni tampoc amb Lucili, que començà la seva carrera literària després de la mort de Terenci. Aquestes dades abonen la teoria que no podem parlar de «cercle», sinó d'un grup d'aristòcrates romans que protegeixen les ments més brillants de la ciutat. El nom de «cercle» parteix segurament de la ficció dramàtica dels diàlegs de Ciceró (*De amicitia* 69).

L'obra

ELS TÍTOLS

Les sis obres conservades (*Andria* 'La noia d'Andros'; *Hecyra* 'La sogra'; *Heautontimorumenos* 'El torturador de si mateix'; *Eunuchus* 'L'eunuc'; *Phormio* 'Formió' i *Adelphoe* 'Els germans') representen, dins la història del teatre llatí, el darrer moment d'esplendor de la comèdia *palliata*, quan aquest subgènere no feia encara ni un segle que existia. La biografia de Suetoni ens aporta encara més dades: ens fa saber que quan presentà als edils la primera, *La noia d'Andros*, se li va demanar que la recités davant la màxima figura de la *palliata* d'aleshores, Cecili Estaci, el qual va quedar-ne impressionat. També es fa esment de l'èxit del conjunt de la producció terenciana, fet que sabem que no respon del tot a la veritat, ja que coneixem, a través dels pròlegs, el fracàs que suposaren dos dels tres intents de representació de *La sogra*. Es recorda que l'obra de més èxit fou *L'eunuc*, que es representà dues vegades en un mateix dia i per a la qual va percebre uns honoraris de vuit mil sestercis, preu que fins aleshores no s'havia pagat mai per cap comèdia.

ELS MODELS

Les indicacions que dóna Terenci en els pròlegs són una bona mostra del fet que les seves obres constitueixen adaptacions autèntiques dels originals grecs[17] (vegeu, per exemple, els versos 6-14 d'*Els germans*).

17. També els títols són grecs, a diferència dels de Plaute, que són tots llatins.

De les sis comèdies de Terenci, quatre (*Els germans, La noia d'Andros, L'eunuc* i *El torturador de si mateix*) tenen per model Menandre[18] i dues, Apol·lodor de Carist (*La sogra* i *Formió*). Al marge d'aquestes fonts principals, sabem que almenys quatre de les comèdies van ser «contaminades» amb altres de secundàries: en *La noia d'Andros* es van utilitzar l'*Àndria* i la *Períntia* de Menandre; en *Els germans* es va integrar una escena dels *Synapothnéskontes* de Dífil;[19] en *L'eunuc* apareixen elements del *Kolax* de

18. Menandre fou l'autor predilecte de la Comèdia Nova des del segle III aC fins al IV aC; fins i tot se sap que era llegit i estudiat a mitjan segle VII, per bé que no ens n'ha arribat cap comèdia sencera. Podem considerar Terenci el més menandrià de tots els comediògrafs llatins i, per tant, representa el triomf del menandrisme en el desenvolupament de la *palliata* romana.

19. Segons la didascàlia i la indicació general de la *Vita Terentii*, aquesta comèdia partia, com s'ha dit, d'una altra de Menandre; sabem, però, que van existir dues versions dels Ἀδελφοί del comediògraf grec: d'una primera versió derivava la comèdia *Stichus* de Plaute, mentre que una nova redacció posterior es va convertir en el model fonamental de la comèdia de Terenci. Ell, defensant-se de les acusacions del seus enemics, confessa que ha recorregut a la tècnica de la *contaminatio*, no pas a la de plagi (*furtum*) (*Adelphoe* 6-14). Tenim, doncs, un cas diferent de *contaminatio*, ja que a la comèdia de Menandre utilitzada com a base s'afegeix una part presa d'una comèdia d'un altre autor, Dífil, on, a més, es dóna la circumstància que no només una versió primera de l'original de Menandre sinó també la comèdia de Dífil emprada de forma secundària havien servit de model a Plaute per a les seves comèdies *Stichus* i *Commorientes* «Els que moren junts». Només en conservem un fragment: «em llençaré de cap al pou» (*Saliam in puteum praecipes*) citat per Priscià (*GLK* II 280, 18). La inserció de l'escena de Dífil, en què un alcavot raptava una cortesana, abarca des del començament del segon acte (v. 155) fins al vers 196, punt en què Èsquinus entra a casa de Mició. El motiu d'aquesta inserció potser rau en el fet que Terenci ha volgut introduir una escena d'acció, que compensés una mica l'argumentació purament verbal de les escenes anteriors.

Menandre[20] i en *La sogra* es van utilitzar parts dels *Epitrepontes*, també de Menandre.

Totes aquestes comèdies pertanyen a l'anomenada Comèdia Nova grega, *Néa*, els orígens de la qual es poden situar en època d'Alexandre Magne. Aquesta comèdia, en contrast amb la comèdia del segle anterior, està centrada en l'exposició de les vicissituds de l'home particular.[21] El centre d'interès de la *Néa* el constitueix l'ésser humà concret i real. Desapareixen, per tant, de l'escena els debats del segle anterior: la naturalesa de la justícia, les relacions entre l'individu i l'estat, etc.; el lloc l'ocupen ara els problemes de l'home com a individu, del qual es ressalten, per damunt de tot, els aspectes positius. I entre aquests aspectes figura el de l'educació, entesa, en el cas de Terenci, en un sentit ampli i per les relacions generacionals i familiars en un marc alhora institucional i d'afectes amb l'ambient politicocultural en què es movia.

20. Menandre esdevé la font principal d'inspiració per a la creació dels personatges i per a l'estudi de llurs caràcters. Un epigrama de Juli Cèsar elogia Terenci com a «amant del llenguatge refinat» (*puri sermonis auctor*), però el critica com a *dimidiatus Menander*, és a dir, «mig Menandre» per la manca de *uis* (força).

21. La comèdia de Menandre, com la tragèdia, aborda els problemes contemporanis de l'ésser humà i les possibles vies de solució, que segons ell passaven per la solidaritat i la comunicació humana per damunt de les barreres socials i econòmiques. La comèdia de Menandre constituïa, doncs, un espai per a la consideració i reflexió crítica de la societat, i en aquest punt s'entén que convergissin els interessos del comediògraf grec amb els de Terenci.

LES DIDASCÀLIES

A partir de la informació que ens ofereixen les didascàlies[22] podem saber que entre els set anys compresos entre el 166 aC i el 160 aC representà les sis *palliatae* que conservem: *La noia d'Andros*, el 166 aC; la primera representació (fallida) de *La sogra*, el 165 aC; *El torturador de si mateix*, el 163 aC; el 161 aC, *L'eunuc* i el *Formió*, i el 160 aC, *Els germans* i una segona (també fallida) i tercera (aconseguida) representacions de *La sogra*.[23]

També gràcies a les didascàlies coneixem el context[24] en què es van representar; *La noia d'Andros, La sogra I, El torturador de si mateix* i *L'eunuc* es van representar en els *ludi megalenses*; el *Formió*, en els *ludi Romani; Els germans,* en els *ludi funebres* en honor d'Emili Paulus; també en aquest context va fer-se el segon intent de representació de *La sogra*; la tercera representació d'aquesta obra la situem en el marc dels *ludi Romani.*

Quant als models, també són les didascàlies les que ens

22. La didascàlia és una nota que apareix als manuscrits i que acompanya cinc de les sis comèdies de Terenci (en el cas de *La noia d'Andros* es pot reconstruir a partir del *Comentari* de Donat); ens informa de les dades següents: l'autor llatí i el títol de l'obra, l'autor i el títol de l'original grec, la solemnitat que motivà la representació, el nom dels magistrats que organitzaren la festa, el director de la companyia còmica, el compositor i el tipus de música, l'ordre de la comèdia en la sèrie d'obres de l'autor i, finalment, els cònsols en funcions. Les didascàlies de les comèdies de Terenci són gairebé les úniques que posseïm del teatre llatí.

23. Només la tercera va poder-se representar. El primer i el segon intent van ser un fracàs perquè la primera vegada el públic va sortir corrent per anar a veure un espectacle de pugilats i funàmbuls; la segona vegada perquè va preferir un espectacle de gladiadors.

24. Vegeu la nota 4.

ofereixen informació sobre l'autor grec seguit per Terenci a cada comèdia. Aquesta font també serveix per conèixer el nom dels principals actors que representaren Terenci, alhora que responsables de la posada en escena, entre els quals destaca el de L. Ambivi Turpió.[25] També coneixem el nom del músic, Flac, esclau/llibert de Claudi,[26] que fou el compositor i, possiblement, l'executor de la música de les sis obres de Terenci.

LES PERIOQUES

Les perioques constitueixen un resum de l'argument de la comèdia, en dotze senaris iàmbics, i foren redactades per G. Sulpici Apol·linar, un gramàtic del segle II dC.

La «reforma» teatral de Terenci

ELS ASPECTES TÈCNICS

El pròleg

Plaute concebia el pròleg com una exposició de l'obra, com una presentació de la intriga amb un to clarament humorístic. Terenci, en canvi, el dedica a qüestions de poèti-

25. Luci Ambivi Turpió produí i dirigí les sis comèdies de Terenci; pels pròlegs de *La sogra* i *El torturador de si mateix* sabem que tingué un paper destacat en la promoció de la carrera dramàtica de Terenci.

26. No es té cap dada sobre la figura de Claudi.

ca teatral i per això representa una gran novetat respecte de la praxi prologal grega i dels seus predecessors llatins. El nostre comediògraf es presenta sempre a si mateix en tercera persona, com el poeta, per tal de dissociar d'aquesta manera la seva persona de la de l'autor del pròleg, amb l'objectiu que la seva defensa sigui més objectiva. De la lectura dels sis pròlegs de les seves comèdies deduïm que: *a*) pretén entretenir el públic amb obres ben construïdes (*Heautontimorumenos*); *b*) no vol utilitzar l'escena per desprestigiar un conciutadà, ja que entén que aquesta és una tasca que pertoca al censor i no pas al poeta (*Eunuchus*); atribueix a cada personatge la personalitat que li pertoca, ja que entén que el poeta ha de ser testimoni fidel de la vida, de les relacions humanes, amb les seves grandeses i misèries, per tal que el públic les consideri versemblants; *c*) accepta les bondats de la crítica constructiva perquè entén que contribueixen a millorar l'art del comediògraf.

La crítica,[27] tal com ja hem avançat, l'acusa de *contaminatio*,[28] entesa com un recurs literari en virtut del qual els dramaturgs llatins, quan prenien de base una peça grega, n'enriquien la intriga barrejant-hi una o dues escenes manllevades d'una altra peça grega secundària. Aquest procediment, heretat de Plaute, fou reivindicat per Terenci com un dret, en la mesura en què s'aplicava a textos grecs

27. N'emergeix un nom propi, el del crític literari Lusci Lanuví, un *maleuolus uetus poeta* (*Phormio* 4 i ss.); és probable que fos el president del *collegium poetarum*, una mena de guia literari, d'inspiració conservadora. El més curiós és que sembla que utilitzava la mateixa tècnica, com es pot arribar a deduir pels dos títols conservats: *Phasma* i *Thesaurus*.

28. L'expressió *contaminare fabulas graecas* apareix a *La noia d'Andros* (15 i ss.) i a *El torturador de si mateix* (16 i ss.).

que encara no havien estat traduïts al llatí. En *Els germans*, com ja s'ha dit, afegeix al segon *Adelphoe* de Menandre una escena (vv. 154-196) dels *Synapothnéskontes* de Dífil. De fet, són tres els casos de *contaminatio* imputables a Terenci: el de *La noia d'Andros* (v. 7), el de l'*Eunuc* (vv. 25-26) i el d'*Els germans* (vv. 10-11). La polèmica respecte d'aquest tema sembla que se centrà en la fidelitat de la traducció o adaptació del text original. Terenci es mostra partidari d'un tractament lliure dels seus models, mentre que els seus rivals apliquen un criteri de fidelitat rigorosa a l'original que els porta a un resultat pobre (*Eunuchus* 7-8). Aquesta acció, *contaminare fabulas*, és el que Lusci Lanuví considera un *factum iniustum* que no concorda amb la llei. Terenci es justifica dient que no fa res més que seguir l'*auctoritas* dels comediògrafs que l'han precedit (Nevi, Plaute i Enni [*Andria* 18]). I tanca l'argumentació amb una ironia: el poeta prefereix els «defectes» dels vells dramaturgs abans que les «virtuts» dels seus detractors (*Andria* 18 i ss.).

Un altre argument de Terenci per defensar la seva manera de tractar els originals grecs és que ha pres d'una comèdia (*Perinthia* de Menandre), per inserir-los en una altra (*Andria*), els elements «que li semblaven apropiats» (*quae conuenere: Andria* 13). La seva manera de fer està legitimada, doncs, per un principi repetit en el criticisme antic: el de la *conuenientia*, l'*aptum*, *quid deceat*. No es tracta d'una barreja d'elements feta a l'atzar, sinó d'un aplec harmònic i artístic.

En el cas de *L'eunuc*, a l'acusació que ha pres els papers del paràsit i del soldat d'una peça antiga de Nevi i de Plaute anomenada *Kolax*, el poeta respon (vv. 27-28) que «si això és una falta, el poeta ha faltat sense adonar-se'n, no pas perquè s'hagi proposat de cometre un plagi». Aquests personatges —no ho nega pas— els ha pres del *Kolax* de Menandre, però sí que nega rotundament saber que aquests personatges havien estat utilitzats abans en comèdies llatines (vv. 30-34).

En el cas d'*Els germans* reconeix que de la comèdia *Synapothnéskontes* de Dífil, presa per Plaute com a font del *Commorientes*, el poeta ha pres paraula per paraula només l'escena inicial (aquella en què un home jove roba una noia a un rufià), escena que Plaute havia deixat de banda. Terenci proposa al públic-jutge la requalificació del *factum*: no es tracta de plagi, sinó de reprendre un passatge que Plaute no va considerar (*Adelphoe* 13-14).[29]

La crítica l'acusa també de plagiar comediògrafs llatins anteriors (*Eunuchus* 23 i ss., *Andria* 1-14), és a dir, de *furtum*; en *El torturador de si mateix* el pròleg assegura que la comèdia que es presenta parteix d'un original grec i que mai no ha estat traduïda al llatí (v. 4: *Ex integra graeca integram comoediam*). Entendre el plagi significa considerar que a l'antiguitat no existeix el *copyright* que assegura els continguts de l'original, car aquests eren *publica materies*. Només incorria en plagi el segon traductor, que recorria una via ja fressada pel primer, fet que pressuposa la idea ingènua que els autors proporcionen obligatòriament traduccions iguals o semblants d'un mateix text, és a dir, que la traducció és sempre una simple transposició mècanica *uerbum de uerbo*, tal com sembla que la considera Terenci

29. En aquest cas, quan es defensa de les acusacions de plagi, està admetent implícitament les de *contaminatio*.

en *Adelphoe* 11. Però no pas en *L'eunuc* (45 i ss.), on invita el públic a apreciar l'originalitat i unicitat de la seva versió, instituint indirectament una relació d'*aemulatio* amb un altre eventual traductor. Però fins i tot quan en el pròleg dels *Adelphoe* sosté que ha reprès una escena *uerbum de uerbo* no vol pas dir, certament, que ha reproduït «lletra per lletra» l'original, sinó que l'ha reproduït adaptant-lo a una llatinitat genuïna.

Una tercera acusació feia referència al fet de deixar-se ajudar en la composició de les seves obres per part dels seus protectors: *homines nobilis hunc adiutare* (*Heautontimorumenos* 23 i ss.; *Adelphoe* 15 i ss.).[30]

Quan aquesta acusació apareix per primer cop, Terenci no hi dóna importància i ni tan sols creu necessari preparar una argumentació: només apel·la al judici del públic (*Heaut.* 23 i ss.). Però apareixerà per segona vegada al pròleg d'*Els germans* (vv. 15 i ss.). L'argument que hi fa servir és semblant al que va emprar a *La noia d'Andros* per defensar-se de l'acusació de contaminar les seves comèdies: accepta el càrrec, però no considera que sigui una acció il·legítima, ja que tenir un lloc al costat dels homes que més excel·leixen d'entre la seva generació és tan honrós com pertànyer al cercle dels millors poetes llatins (*Adelphoe* 17-19).[31]

30. Terenci no nega en absolut que la seva activitat artística neixi en el marc d'un àmbit de relacions privades amb personatges públics eminents; reivindica fins i tot aquestes amistats i es preocupa més aviat de mostrar que no hi ha incompatibilitat entre l'ambient d'elit en què ell es mou i el conjunt de la societat romana a la qual s'adreça el seu teatre.

31. Aquesta acusació ens porta a plantejar si es tractava només de les acusacions d'un poeta malèvol, de poc talent, o es tracta més aviat de manio-

Finalment encara pesa una altra acusació, *fabulas tenui oratione et scriptura leui*, aquesta vegada relativa a l'estil: «el llenguatge és pobre i l'estil, apagat» (*Phormio* 5). La crítica s'adreça a la qualitat literària del nostre poeta, qüestió subjectiva que motiva una rèplica en el mateix sentit: mai no ha escrit sobre un jovenet enfollit que veu com una cérvola fuig i els gossos l'encalcen, i demana plorant que l'ajudi (vv. 6-8), potser en al·lusió a algun passatge d'una comèdia del seu adversari. Terenci, cansat d'haver-se de defensar contínuament, manifesta en aquest mateix pròleg (vv. 21-22) la seva decisió unilateral de tancar la qüestió.[32]

Terenci realitza, doncs, en el pròleg una contribució important al desenvolupament de l'art dramàtic en abandonar l'omniscient pròleg expositiu que havien utilitzat els autors de la Comèdia Mitjana i Nova amb l'objectiu de facilitar al públic la comprensió de l'obra presentada en escena. El nostre poeta trenca amb la tradició i utilitza el pròleg amb propòsits polèmics. Creiem que no és la vehiculització de la polèmica l'essencial d'aquest canvi, sinó el refús del pròleg expositiu perquè el considerava un procediment poc artístic.[33] Terenci està exigint al públic un can-

---

bres de caire polític per desacreditar l'aristocràcia que protegeix Terenci i l'esperit aristocràtic que transmeten les seves obres. No tant perquè hi puguem veure la ideologia política de la *nobilitas*, sinó pel fet que la seva llengua, moral i sensibilitat són el resultat de la mentalitat de les classes més elevades de la ciutat.

32. En els pròlegs posteriors (II i III de *La sogra* i a *Els germans*) ja no apareix cap altra crítica adreçada a Lusci Lanuví.

33. La intenció d'abandonar aquest tipus de pròleg es pot deduir dels vv. 13-15 del *Phormio*. També es pot veure en els vv. 22-24 dels *Adelphoe*.

vi d'actitud, una participació que comporti una atenció concentrada sobre el que s'esdevindrà a escena i sobre què diran els personatges. Alliberat, doncs, de la seva funció expositiva el pròleg es converteix en vehicle per a la comèdia literària, i de la modalitat tradicional només conserva l'apel·lació a l'atenció i a la benevolència del públic.

Els pròlegs de Terenci es poden estudiar com a peces completament independents de l'obra que es presenta, i des de la perspectiva de l'oratòria forense, analitzant les figures del defensor i de l'acusador en la complexa situació d'enunciació que implica la comunicació teatral, l'argumentació defensiva desplegada i les formes que adopta la *captatio beneuolentiae*.

Una comèdia stataria. *La importància dels diàlegs*

S'ha discutit molt sobre el significat precís del terme *stataria*. Sembla que faria referència al fet que la comèdia de Terenci no és una comèdia d'acció, sinó de caràcters. Tot i que és cert que les seves *fabulae* exclouen cops d'escena i situacions farsesques, no ho és que refusin del tot l'acció, la intriga i, fins i tot de vegades, el suspens. La mateixa caracterització dels personatges, que constitueix un dels puntals del teatre del dramaturg, l'obtenim de confessions fetes, no pas a partir de monòlegs, sinó de diàlegs.

D'altra banda, l'interès de Terenci per l'acció dramàtica i per la sorpresa es fa palès en el fet d'haver suprimit el pròleg expositiu (el de Plaute), que advertia els espectadors de tot el que s'esdevindria en el decurs de l'acció escènica.

Un altre element nou introduït per Terenci és la substitució dels monòlegs, dels quals Plaute havia fet un bon ús, per diàlegs. El monòleg, efectivament, era un element molt funcional en les obres de Plaute, perquè permetia la relació de complicitat personatges-espectadors i la ruptura de la il·lusió escènica. Terenci intenta eliminar de les seves comèdies tot allò que pugui significar implicació del públic, en nom d'una versemblança que no vol trair de cap manera. El seu teatre es podria qualificar de «naturalístic», i on la figura de l'autor i els actors mateixos passen a segon pla per deixar espai només a la representació.

ELS ASPECTES IDEOLÒGICS

La humanitas

És a Polibi a qui devem l'expressió *homo humanus.* Al vers 77 d'*El torturador de si mateix,* Terenci posa en boca de Cremes: *Homo sum: humani nihil a me alienum puto.* El contingut d'aquest vers no representa cap programa però sí que respon a una actitud davant de la vida per a la qual els romans van encunyar, a partir de Terenci, el terme *humanitas.*[34] Aquest terme parteix de la cultura filosòfica grega i de la comèdia grega Nova, però hi aprofundeix i el

34. Per a aquest terme i l'evolució que ha seguit al llarg de la història, vegeu G. Puigvert, «De la *humanitas* de Terencio a los *studia humanitatis* del siglo XXI» en C. de-la-Mota-G. Puigvert, *La investigación en Humanidades*, Biblioteca Nueva, Madrid, 2009, p. 25-31. Vegeu també la introducció (espec. p. XVIII-XXXII) a la traducció d'*Els germans* a cura de Lisa Piazzi publicada a Mondadori. Classici Greci e Latini, Milà, 2006.

fa més concret, en tant que n'accentua el caràcter positiu —insisteix sobre els comportaments que corresponen a la dignitat humana—, respecte del negatiu, segons el qual l'home necessita comprensió en tant que criatura fràgil i imperfecta, massa llunyana de la perfecció divina.

La pedagogia[35]

Un dels temes principals de les obres de Terenci és la importància del model educatiu aplicat als fills. *Els germans* és l'obra en què l'autor presenta l'argument de manera més estructurada.

El debat pedagògic que hi presenta gira entorn dels dos grans protagonistes, els dos pares, Mició i Dèmeas.

Mició representa l'home hel·lenitzat dels temps moderns, liberal, sensible, dedicat a l'*otium*. En el monòleg inicial de l'obra ens il·lustra el model pedagògic que aplica al seu nebot adoptat, Èsquinus, fill del seu germà Dèmeas. És un pare modern i obert als problemes de la vida, flexible i dotat d'un sentit del relatiu (vv. 48 i ss.). Vol que Èsquinus actuï seriosament, no pas per constricció externa (v. 58: *metus*), sinó per una espontània i convençuda adhesió al bé (v. 72: *ex animo*; v. 75: *sua sponte*), per un sentiment moral madurat en la intimitat (v. 57: *pudor*). Per això declara que la relació amb el fill s'ha de construir no pas sobre la *patria potestas*, sinó sobre l'*amicitia* (vv. 65-67), afirmació que

35. Per entendre l'estil romà d'educació en època republicana, creiem fonamental la consulta de H.-I. Marrou, *Historia de la educación en la Antigüedad*, Fondo de Cultura Económica, Mèxic, 1998.

—en un moment en què es formava una ideologia de l'*imperium*— semblava traslladar al camp de la pedagogia la idea que el poder és més eficaç si s'exerceix de manera no repressiva. A aquesta filosofia «progressista» de Micció es contraposa la del germà Dèmeas, que viu al camp i que té totes les característiques del camperol: treballador, estalviador arribant a avar, de mentalitat estreta i, en matèria educativa, autoritari, defensor aferrissat de les virtuts formatives de la disciplina. Amb aquestes idees ha pujat l'altre fill, que ha romàs amb ell, Ctesifó.

És fàcil adonar-se que les diferències entre Micció i Dèmeas no fan només referència als respectius credos pedagògics, sinó també a les mentalitats i estils de vida: la *urbanitas* del primer —amb els annexos requerits de la *clementia* i de la *liberalitas*— s'oposa a la *rusticitas* del segon (ancorada en els valors catonians *grauitas, frugalitas, auctoritas, dignitas*).[36]

Però, com es pot veure al final de l'obra, hauríem errat si pensàvem que Micció, representant de la *urbanitas* i de la *liberalitas*, s'erigeix en el portaveu de la ideologia de Terenci. En el primer soliloqui apareixen ja els indicis dels límits de la seva filosofia educativa inclinada perillosament a la permissivitat i que s'allunya de la virtut. La impressió que fins i tot la pedagogia moderna té algunes contradiccions es veu en el diàleg entre els dos pares, en el qual Micció, sorprenentment, justifica les accions de codi penal del fill adoptat (vv. 101 i ss.). «Si nosaltres no fèiem aquestes coses», continua dient Micció, «és només perquè

36. El contrast entre la concepció pedagògica de l'un i de l'altre queda ja ben palès des de l'acte primer, amb la intervenció de Micció.

no teníem diners i, si tu tinguessis una mica d'humanitat (v. 107: *si esses homo*), deixaries que fins i tot l'altre fill teu es desfogués tal com requereix la seva edat». L'expressió *si esses homo* és fonamental perquè conté una implícita definició d'*humanitas*, entesa com a capacitat d'entendre amb indulgència i tolerància les exigències diverses de les pròpies, sense absolutitzar el propi punt de vista. Un cop Dèmeas ha sortit, Mició expressa en un soliloqui les seves preocupacions. Sap prou bé que Dèmeas també té part de raó. Potser serà que la pedagogia permissiva només és bona en teoria? El dubte roman entre els espectadors almenys fins al monòleg d'Èsquinus dels vv. 610 i ss., que sembla donar un punt a favor dels preceptes educatius de Mició. Al final també Dèmeas dubtarà, i per bé que no està convençut amb la «filosofia de vida» de Mició, tampoc no hi està en total desacord.

Arribat aquest punt l'espectador modern es planteja per quin dels dos models es devia decantar Terenci. Potser l'únic missatge que va voler transmetre el nostre autor a l'espectador antic era el d'afirmar que la saviesa consisteix en el terme mitjà. Els dos models educatius confrontats fracassen en el sentit que tots dos pretenen afermar valors absoluts, totalitzants en uns moments que imposen, en canvi —de manera especial a la societat que pretén dominar el món—, moderació, equilibri entre innovació i tradició, sentit del relatiu i capacitat de confrontar diversos punts de vista.

Sobre la comèdia *Els germans* de Terenci

Els germans. Títol, estructura, argument

El títol d'aquesta obra té el seu origen etimològic en el mot grec 'Αδελφοί, 'germans'.

Fou estrenada l'any 160 aC en els jocs funeraris en honor a Luci Emili Paulus organitzats per Quint Fabi Màxim i Publi Corneli Africà.[37] Terenci, com ja s'ha dit, havia pres com a base la (segona) comèdia homònima de Menandre, per bé que també hi havia inserit una escena dels *Synapothnéskontes* de Dífil, seguint el procediment artístic de la *contaminatio*.

Els protagonistes són dos pares, els germans Dèmeas i Mició, que plantejaran sobre l'escenari un tema tractat a bastament a la *Néa* i pel mateix Terenci a *El torturador de si mateix*: com educar els fills. Dèmeas és un camperol fet a l'antiga, auster i rígid, que ha tingut dos fills: Ctesifó, que ha estat educat seguint la rigidesa de la moral tradicional, i Èsquinus, que ha estat confiat a l'oncle Mició, home de ciutat, condescendent i generós, que sosté que les relacions entre pares i fills han d'estar fonamentades en la confiança i no pas en la por del càstig. Els dos sistemes educatius es posaran a prova en les relacions amoroses dels dos nois. Mició està preocupat perquè Èsquinus no ha tornat, i Dèmeas li fa saber que ha sentit que el jove ha raptat una noia. I és cert: Èsquinus ha sostret a l'alcavot San-

37. La representació d'una comèdia en uns *ludi funebres* no ens ha de sorprendre atès que qualsevol representació teatral esdevé un homenatge als déus i, també, al difunt.

nió la cortesana Bàquides, però no ho ha pas fet per a ell —com creuen els dos vells—, sinó per fer un favor al germà Ctesifó, que està enamorat de la noia. Èsquinus estima Pàmfila, una noia pobra, que n'ha quedat prenyada. Les falses acusacions sobre la relació d'Èsquinus amb la noia raptada fan trontollar la seva relació amb Pàmfila, tot i que després tot es resol gràcies a la intervenció del veí Hegió. Però mentre Micció és informat de la realitat dels fets, i recrimina Èsquinus només pel fet de no haver-li dit la veritat, Dèmeas no sap res encara, i li serà un cop dur descobrir que el fill «depravat» és el que ell ha educat, Ctesifó. Però, per sorpresa, Dèmeas es transforma inesperadament en un pare comprensiu i tolerant: accepta la relació de Ctesifó amb la cortesana (amb la condició que sigui la darrera vegada), allibera esclaus, reparteix diners —a costa de Micció—, fa casar Micció amb la vella Sòstrata, mare de Pàmfila..., fins al punt que al final serà el mateix germà «liberal», Micció, qui cerqui de frenar la generositat de Dèmeas.

El debat central de l'obra recau, com ja hem explicat, en l'educació dels fills. Terenci vol fer reflexionar el públic entorn de dos models d'ensenyament que entren en conflicte: una educació repressiva enfront d'una educació permissiva.

Una de les qüestions més debatudes ha estat la relativa al final de l'obra. És evident que el monòleg de Dèmeas a V 4, en què expressa la voluntat de modificar la seva conducta, convençut que no hi ha millors virtuts que la bondat i la indulgència, representa un canvi radical tant en la caracterització dels personatges principals com en la valoració dels seus principis pedagògics. Fins aquest punt, Dèmeas ha estat presentat sota la perspectiva negativa d'un pare estricte i dogmàtic, mentre que el seu germà Mició ho ha estat sota la perspectiva positiva d'una persona liberal i complaent. I tot o gairebé tot semblava encaminat a fer-nos veure el triomf de la pedagogia liberal sostinguda per Mició i el descrèdit de la vella pedagogia de la severitat i càstig defensada per Dèmeas. Però a les sis darreres escenes els papers s'inverteixen. I la impressió que tenim al final és la derrota de Mició i el triomf de Dèmeas, que no només aconsegueix humiliar el seu germà, convertit en una mena de marioneta al servei de Dèmeas, sinó que és aquest darrer el que acaba tenint l'última paraula i donant, amb el beneplàcit d'Èsquinus, una autèntica lliçó pedagògica al seu germà (vv. 986-995).

Arribats a aquest punt, l'espectador/lector es pot arribar a preguntar quin era el missatge educatiu que volia transmetre Terenci i si aquest missatge era el mateix que oferia el model grec. Les recerques sobre aquesta qüestió apunten tres possibles explicacions. Una primera interpretació, defensada sobretot pels crítics alemanys, és que Terenci ha modificat la conclusió de la comèdia a favor de Dèmeas perquè com a romà simpatitzava amb un sistema d'educació més rígid o, potser, perquè no es volia oposar als gustos del públic.

Més difosa és potser la tesi que planteja que tant Terenci com Menandre van pretendre, com ja s'ha dit, assenyalar una via intermèdia entre dos extrems, representats per les posicions de cadascun dels dos germans; es tractaria de trobar una fórmula de compromís, un terme mitjà que evités els defectes i exageracions presentats per les dues postures.

Una tercera interpretació considera el final de l'obra com una concessió al gust popular. En efecte, després del monòleg de Dèmeas, la comèdia perd la seva fisonomia reflexiva i *stataria*. No és improbable que, sempre per complaure el públic, Terenci hagi fet decantar la balança, *in extremis*, a favor de Dèmeas, el personatge la *rusticitas* del qual representa els valors tradicionals i catonians típics del ciutadà romà, més que no pas cap a la cortesia urbana i amabilitat desimbolta de Mició, que reflecteix més aviat els ideals grecs. També cal fer notar que la «conversió» de Dèmeas té escassa credibilitat i sembla més aviat un gir despectiu cap al germà.

També *El torturador de si mateix* tracta la temàtica pedagògica, per bé que no pas com a eix central, com s'esdevé en *Els germans*. Una comparació entre les dues obres permet arribar a la conclusió que el model educatiu es basa en uns mateixos principis: saber assumir el punt de vista dels joves (*Adelphoe* 51-52; *Heautontimorumenos* 214-216), ser tolerant, indulgent (*Adelph.* 51 i 57-58; *Heaut.* 217-218); instaurar una relació fonamentada en la sinceritat i la confiança (*Adelph.* 53-56; *Heaut.* 151 i ss.); entendre que tota forma d'autoritat és contraproduent (*Adelph.* 65-58; *Heaut.* 222).

Els personatges

Mició, *senex*, pare adoptiu d'Èsquinus.
(Estòrax, *seruus* de Mició).
Dèmeas, *senex*, germà de Mició, pare natural d'Èsquinus i Ctesifó.

Sannió, *leno*.
Bàquides, *meretrix*, pupil·la de Sannió.
Èsquinus, *adulescens*, fill natural de Dèmeas i adoptiu de Mició.
Parmenó, *seruus* de Mició.
Sirus, *seruus* de Mició.
Ctesifó, *adulescens*, fill de Dèmeas.
Sòstrata, *matrona*, mare de Pàmfila.
Càntara, *anus*, nodrissa de Sòstrata.
Geta, *seruus* de Sòstrata.
Dromó, *seruus* de Mició.
(Estefanió, *seruus* de Mició).
Hegió, *senex*, parent de Pàmfila.
Pàmfila, *uirgo*, amant d'Èsquinus.
Cantor

Un dels trets fonamentals de la comèdia de Terenci és el caràcter dels personatges. Tot i que és cert, tal com va reconèixer el mateix autor (pròleg de *L'eunuc*, vv. 35-43), que la relació de personatges i situacions de què se serveix parteixen dels mòduls de la Comèdia Nova o *Néa* i dels precedents llatins, hi ha una voluntat conscient de renovació; cada personatge rebrà un tractament específic en funció dels interessos del nostre comediògraf, sense fer-los perdre mai la consciència del lloc que ocupen socialment: els esclaus i prostitutes se saben mancats de dignitat i mai no intentaran traspassar els límits que els imposa la realitat; els joves, malgrat que en determinats moments de la seva vida poden ser arrauxats i provocar tota mena de disbauxes, acaben penedint-se i sotmetent-se a l'autoritat paterna; les noies es mantindran dins la passivitat que els imposa la seva condició. Els pares, autèntics caps de família, tal com es pot veure clarament en *Els germans*, adopten un paper indulgent i protector envers els seus fills.

El nostre dramaturg ofereix, a partir dels seus personatges, una visió del món segons la qual l'èxit depèn del fet que es respectin les convencions i normes socials. Si contraposem aquesta visió amb la realitat de la societat romana de mitjan segle II aC, la de la classe plebea i el seu descontentament generalitzat que a la llarga acabarà provocant l'inici de les guerres civils, podríem concloure que l'objectiu de Terenci era clarament polític i potser des d'aquesta perspectiva s'entendrien les crítiques malèvoles que apareixen en els seus pròlegs.

Terenci sempre ha estat considerat un mestre en el tractament psicològic dels personatges. I no només pel fet de la consistència dels seus caràcters, sinó també per l'habilitat en descriure els estats d'ànim en cada moment, la qual cosa es pot veure, per exemple, en el monòleg pronunciat per l'alcavot Sannió, dubtant sobre l'actitud que ha de prendre davant les exigències del jove que vol aconseguir una de les seves noies (*Adelphoe* 196-208).

El *senex* (a *Els germans*, Mició i Dèmeas) és una de les creacions més reeixides del teatre de Terenci. Es tracta del personatge més conscient de la realitat de la vida: els seus fills fan simplement el mateix que ell va fer o, almenys, el que li hauria agradat de fer a la seva edat (*Adelph.* 101-110). Amb els anys s'ha tornat més prudent i procurarà que els seus fills fugin de problemes, pel seu propi bé. Independentment que puguin cometre errors o excessos, mai no perden de vista la seva funció pedagògica i els interessos de la família. Aquests vells estan molt lluny dels de Plaute, sempre disposats a acompanyar els seus fills en les trifulgues amoroses i fins i tot a beneficiar-se de les seves amants. A *Els germans* són els autèntics protagonistes de la peça.

Salvant les diferències que manté amb l'*adulescens* plautí en relació a l'obediència paterna, aquest és el personatge més tòpic i pla de la comèdia de Terenci (a *Els germans*, els joves són Èsquinus i Ctesifó). La seva funció dramàtica no és altra que la de provocar la intriga sentimental. Alegres, animats, volubles en els seus estats d'ànim, segons com els vagin les coses, els joves de Terenci són els personatges més estereotipats, potser pel fet que l'adolescència masculina sigui tan uniforme i predictible: desitjos d'independència respecte de l'autoritat paterna, queixes per la falta de recursos i el despertar de la sexualitat. Assenyats, obedients i temorosos dels seus pares, els joves terencians s'allunyen considerablement del prototip de jove arrauxat, sense consciència, de la comèdia plautina. En el cas de la comèdia que ens ocupa, la franquesa, valentia i sentit del pudor d'Èsquinus contrasta vivament amb la impotència i timidesa del seu germà Ctesifó. Quèreas i Èsquinus formen, sens dubte, la parella de joves més atractiva de les comèdies terencianes.

Finalment, una característica que comparteixen tots els joves terencians i que els diferencia dels plautins és la seva decència bàsica: tots són fidels i tendres amb les seves estimades, temorosos i respectuosos amb els seus pares (el seu dilema és precisament haver de triar entre els dictats de l'amor i l'obediència als pares),[38] i, a més, especialment solidaris i servicials amb els seus camarades.

38. Vegeu, per exemple, el diàleg entre Mició i Èsquinus, vv. 636 i ss.

La *Néa* o Comèdia Nova grega va contribuir a crear un dels personatges més brillants, el de la figura de l'esclau (*seruus*), que es va convertir en un estereotip intel·lectualment coherent i molt efectiu escènicament. La *Néa* fa aparèixer l'esclau participant de manera activa de la vida dels seus amos i especialment de la dels seus fills, amb els quals teixeixen una gran complicitat a l'hora de maquinar les aventures amoroses. En el cas de Plaute són els autèntics mestres de la comicitat i entorn dels quals gira tota l'acció, amb la seva astúcia i la seva manca absoluta d'escrúpols, fins al punt de riure's no només dels joves, inexperts en les arts de l'amor, sinó també dels seus amos.[39] Els esclaus de Terenci, en canvi (en *Els germans*, Estòrax, Parmenó, Sirus, Dromó, Estefanió són esclaus de Mició; Geta ho és de Sòstrata), es mostren generosos, altruistes i, sobretot, lleials. Fins i tot són, de vegades, els autèntics puntals d'algunes famílies (*Adelphoe* 479-482). Aquesta voluntat de dignificar el caràcter de l'esclau, de dibuixar-lo sense el cinisme del model de Plaute, el privarà de *uis comica*, la qual només apareixerà en el moment en què Terenci decideixi tornar a les manifestacions més tòpiques en les escenes en què manifesta la seva afició al vi o a les pallisses i amenaces que reben dels seus amos (*Adelphoe* 588-591). Per tant, l'esclau terencià perd la condició de protagonista central que tenia en Plaute. Fins i tot en la més plautina de les seves obres, *L'eunuc*, pràcticament no té presència en la intriga. Per a Terenci l'esclau, malgrat la seva situació, és un element de la unitat familiar i es comporta amb la lleialtat que cal esperar.

39. Vegeu, per exemple, Plaute, *Mostellaria*, vv. 493-495.

L'amo del prostíbul (*leno*) (en *Els germans*, Sannió)[40] és un dels personatges castigats en l'obra de Terenci; apareix retratat com un personatge vil en què no es pot trobar res que el rescati de la seva condició repugnant. La vilesa moral és una falta que Terenci no està disposat a perdonar. Tampoc els romans, ja que si hi havia una professió infamant a Roma era la de l'alcavot.[41] De l'alcavot es subratllen els trets d'avarícia i deslleialtat. La voluntat de fugir de qualsevol referència procaç impedeix Terenci de retratar-los amb la libidinositat i sordidesa amb què apareixen en les comèdies de Plaute. Dels dos alcavots que apareixen en Terenci, l'únic castigat és Sannió, qui, a més de rebre una pallissa, es veu obligat a cedir a Ctesifont una noia comprada legalment.

Els personatges femenins (en *Els germans*, Bàquides, Pàmfila, Sòstrata, Càntara) reben un tractament molt diferenciat que depèn tant de la seva funció en la intriga còmica com de la seva condició en la realitat social. La rígida moral àtica havia relegat la dona lliure a l'àmbit privat del gineceu i així quedà reflectit a la *Néa*, on els únics papers femenins significatius corresponen a les prostitutes. Les mares de família i les joves donzelles no apareixen en escena; constitueixen el motor immòbil de l'acció còmica, entorn del qual opera la resta de personatges de l'obra. El teatre de Terenci segueix escrupolosament aquesta convenció.

Els nois tenen aventures amoroses amb prostitutes i, per tant, mai no es considerarà el fet de casar-se amb

40. És interessant de veure com es defineix el mateix Sannió, vv. 188-189.
41. Valeri Màxim, VII, 7,7.

aquestes dones, que no són altra cosa que distraccions prèvies al matrimoni.

Les cortesanes (*meretrices*) són un exemple de la tendència terenciana a ennoblir el caràcter dels personatges femenins i a presentar-les com a persones decents i honestes.

El tipus de *mala meretrix*, tan freqüent en Plaute, només es troba representat en Terenci, i parcialment, per la Bàquides d'*El torturador de si mateix*, extravagant i egoista, que arriba a casa de Cremes envoltada d'un seguici d'esclaves i que actua moguda per la cobdícia.

Les dues cortesanes que desenvolupen un paper important en les comèdies de Terenci, Tais (*Eun.*) i Bàquides (*Heaut.*) són, en canvi, inusualment nobles.

Les matrones (*matronae*) (en *Els germans*, Sòstrata), més abundants en el teatre de Terenci que en la *Néa* i en Plaute, són possiblement una concessió de Terenci a la realitat romana. Si les jovenetes tenien poc protagonisme en l'acció, les matrones, per bé que personatges secundaris a totes les peces, estan més a prop dels models romans que no pas de les silencioses esposes gregues. A diferència de les dones ateneses, la matrona romana maneja el seu propi matrimoni i compta amb un cert reconeixement social.

Altres personatges femenins, com la vella, la criada i la nodrissa, generalment tenen només papers breus i secundaris. Les úniques excepcions són Míside a *La noia d'Andros* i Dòrias i Pítias a *L'eunuc*. La seva funció es limita a anar a fer encàrrecs, transmetre notícies o ajudar en el reconeixement de la protagonista.

L'autèntic protagonista de les obres de Terenci és el binomi pare/fill. La resta de personatges (noies, matrones, prostitutes, esclaus, alcavots, nodrisses...) són comparses amb més o menys participació en la intriga, protagonitzada indiscutiblement pels personatges masculins. Terenci mai no va voler explorar la realitat de les dones, els marginats i els pobres, la qual cosa li impedeix mostrar comportaments que vagin més enllà d'una conducta socialment ben vista.

Els personatges renuncien a les simplificacions i als excessos caricaturescos de la comèdia plautina; depassen les categories de l'edat, de l'ofici, de la condició social; són complexos, amb matisos, i tan propers a la natura com sigui possible. I, sobretot, viuen intensament les grans qüestions que agiten la intel·ligència romana, la més important de les quals era, potser, la de l'educació, que basculava entre el rigor del *mos maiorum* i la laxitud d'una obertura cap a les idees de la filosofia grega.

L'època de Terenci vivia, com la nostra, un conflicte veritable entre generacions, i és aquest conflicte el que uneix dues de les seves comèdies, *Els germans* i *El torturador de si mateix*.

La llengua i l'estil

Des del punt de vista sociolingüístic, l'obra de Terenci adopta com a únic registre conversacional el nivell de la llengua de la classe alta urbana del seu temps. Tots els personatges, independentment de la seva classe social o condició, s'expressen de la mateixa manera. La llengua és sòbria, moderada en el to, i tal com ell mateix diu quan rebat l'adversari: *tenui oratione et scriptura leui* (*Phormio* Pròl., v. 5). Les qualitats de la seva llengua són, en certa manera, negatives: pocs relleus, pocs contrastos en el parlar dels personatges, poques formes intensives o expressives, pocs trets manllevats de la llengua vulgar.[42] Evita, a diferència de Plaute, l'acudit groller, les hipèrboles divertides, les expressions amb doble sentit, els neologismes graciosos; recorre a situacions còmiques, però sense abusar-ne. Els diàlegs de Terenci, a diferència dels de Plaute, vius, frescos, i on sovint abunden les frases curtes per indicar el canvi d'interlocutor, esdevenen freds, monòtons, perquè rarament en canvia el to; l'educació ha igualat els seus personatges: homes o dones, vells o joves, cortesanes o matrones, amos o esclaus, tenen tots un llenguatge refinat, elegant, pur; per això se l'ha considerat sempre i de manera unànime com un model de bona llatinitat, del *sermo urbanus*.

La mètrica i la música

La traducció en prosa que presentem traeix l'essència d'un espectacle en què s'alternaven les parts parlades (*diuerbia*), recitades (*cantica*) i cantades (*cantica mutatis modis*), la qual cosa porta a pensar que la comèdia romana estava més a prop d'una comèdia musical que no pas del teatre parlat actual. Es tenen poques dades sobre la música que acompanyava les parts cantades. Segons Tit Livi,[43]

42. Els joves de Terenci duen una vida sexual molt lliure, però aquesta llibertat no es tradueix mai en un llenguatge procaç. Un exemple clar d'aquest fet el constitueix *L'eunuc*, la més plautina de les seves obres.

43. Tit Livi, VII 2, 8 i ss.

ja des de l'època de Livi Andronic, els *cantica* no anaven a càrrec de l'actor, sinó d'un cantor situat al costat del flautista. Amb aquest acompanyament musical de fons, l'actor es limitava a executar la mímica corresponent. Les didascàlies de les sis obres de Terenci ens informen que la composició de la música s'encarregava a un professional, a un cert Flac, llibert de Claudi.

Aquest protagonisme que adquireix la música, tant en l'obra de Terenci com en la de Plaute —encara més—, és una innovació de la comèdia romana. La *Néa* era un espectacle bàsicament parlat en què el cor només apareixia als entreactes. La *palliata* suprimí aquests cors sense relació amb la trama i, a canvi, d'un espectacle parlat en va crear un de musical. La voluntat de Terenci d'apropar-se als seus models féu que reduís substancialment la part musical. De les sis comèdies, només dues presenten parts cantades: *La noia d'Andros* (vv. 481-484 i 625-638) i *Els germans* (vv. 610-617). A això se suma el fet que Terenci restringeix i regularitza molt l'exhuberància mètrica de Plaute. Així, tres de les seves obres (*Formió*, *El torturador de si mateix* i *La sogra*) només contenen versos iàmbics i trocaics. Aquesta uniformitat no es deu pas a una pobresa expressiva sinó a una voluntat autèntica de regularització, com demostra el fet que la més antiga de les seves comèdia, *La noia d'Andros*, al marge de versos iàmbics i trocaics, mostra setze tipus de versos diferents.[44]

44. Per a la mètrica emprada en cadascun dels versos d'*Els germans*, consulteu la magnífica introducció a l'edició bilingüe de totes les obres de Terenci feta per J. Román Bravo, Cátedra, Madrid, 2001.

Sobre la recepció i tradició d'*Els germans* de Terenci

La recepció de l'obra. El públic

Deixant de banda les escasses troballes en papirs, els editors de les comèdies de Terenci tenen a disposició uns siscents cinquanta manuscrits, un autèntic privilegi en el panorama dels textos antics, a part de les moltíssimes citacions indirectes que literats, gramàtics i comentaristes[45] de tota l'antiguitat van incloure a les seves obres.

L'examen dels manuscrits revela que tots deriven d'un arquetip comú de finals de l'antiguitat (segles IV o V); s'agrupen en dues famílies: la A, representada per un únic còdex en capital rústica, el *Bembino* (Vat. Lat. 3226), de finals del segle IV o principis del V; i la família anomenada «recensió cal·liopiana», a partir del nom del revisor, Cal·liopi, que comprèn la resta de còdexs, tots posteriors a l'època carolíngia. Tradicionalment, la primera ha estat considerada com la més fidel a l'original, ja que la segona fou alterada intencionadament amb l'objectiu de fer més comprensibles els passatges més complexos del text.[46]

Al costat de la tradició directa, hem d'esmentar també una riquíssima tradició indirecta. A més dels comentaris de Donat i d'Eugrafi, Terenci és citat ocasionalment per nombrosos escriptors des del segle I aC i, molt sovint, pels gramàtics (Probus, Fest, Noni Marcel, etc.).

45. Ciceró el cita, per exemple, seixanta-set vegades. També és citat per gramàtics com Probus, Verri Flac o Noni Marcel. I pels comentaristes Donat o Eugrafi.

46. G. Pasquali, *Storia della tradizione e critica del testo*, Florència, 1962, p. 355.

El públic de Terenci és ben diferent del de Plaute. Mentre que a la representació de les comèdies de Plaute hi assistia públic d'una extracció social poc elevada, delerós de passar una bona estona i riure a plaer, a les representacions de les comèdies de Terenci hi assistia poc públic, fins al punt que de vegades van haver de suspendre's.[47]

Els espectadors de Terenci són més refinats, i és per a aquest públic que el nostre comediògraf escriu drames nous tant des d'un punt de vista temàtic com lingüístic i formal.

A tot això cal afegir el fet que els espectadors resten completament al marge del desenvolupament de l'acció, ja que, mentre que Plaute s'hi adreçava sovint per reclamar-ne l'atenció o per fer-los adonar d'alguns aspectes tècnics, Terenci s'esforça a preservar la il·lusió escènica: el públic ha de tenir la impressió de ser espectador d'un fragment de la vida real. Terenci tendeix a desaparèixer rere els personatges, llevat en el cas del pròleg, l'únic moment en què hi ha un contacte directe amb l'espectador. Aquest aspecte és radicalment nou, no només respecte de Plaute sinó fins i tot respecte de la Comèdia Nova.

Recepció i pervivència de l'obra de Terenci

La pervivència del text de Terenci fins a l'antiguitat tardana, que fou la que va permetre que arribés fins a nosaltres, s'explica no pas per la seva excel·lència teatral —potser des

47. *La sogra* es va representar a la tercera, després de dos intents fallits, tal com ja s'ha dit.

d'aquest punt de vista s'hauria salvat Cecili Estaci—, sinó pel fet que ja des del segle I aC va constituir un model de llengua artística i de moderació còmica; Ciceró n'aprecia el llenguatge i l'elegància (*Att.* 7, 3, 10) i cita totes les seves comèdies excepte *La sogra*; aquesta puresa lingüística li va permetre entrar aviat en el cànon escolar, tal com testimonia Quintilià.[48] La importància de passar a ser un text escolar deixà múltiples empremtes en autors posteriors, els quals s'haurien apropat a la seva obra no pas com a espectadors sinó com a lectors a l'escola o a la biblioteca. Així, trobem referències de Terenci en Varró, que el col·loca a la mateixa altura que Plaute o Cecili, per bé que per mèrits diversos,[49] i en Catul, Horaci, Virgili, Ovidi o Tit Livi. I no només en els autors pagans; també en autors cristians com sant Ambròs, sant Jeroni, sant Agustí o Ausoni.

L'adopció del cristianisme com a religió oficial de l'Imperi romà no va pas impedir que la cultura clàssica continués essent la base de l'ensenyament, de manera que Terenci va continuar figurant-hi tant pels seus textos com per la seva faceta filosòfica.

Al segle X l'abadessa Rosvita de Gandersheim,[50] va compondre sis comèdies en prosa com a succedani cristià de les «immorals» comèdies de Terenci, però la màxima difusió de la seva obra arribarà amb el Renaixement universitari dels segles XII-XIII, que llegí i imità les obres de Terenci, el qual es va convertir en una figura de referència

48. Quintilià, I, 8, 11.

49. *In argumentis Caecilius poscit palmam, in ethesi Terentius, in sermonibus Plautus* (*Menipp.* 399 B).

50. Cf. A. J. Pociña (ed.), *Rosvita de Gandersheim. Dramas,* Ediciones Akal, Madrid, 2003.

des del punt de vista literari i filosòfic. També per a Dant, que l'esmenta com a còmic (*Purg.* 22, 97) i pel seu valor moralitzant (*Inf.* 18, 33, 136).

Durant el Renaixement, Petrarca escriví una biografia de Terenci i Boccaccio copià i anotà personalment un exemplar complet de la seva obra que encara es conserva a la biblioteca Laurenziana de Florència.

El 1470 apareix l'*editio princeps* de Terenci a Estrasburg.[51] El 1486 Gerard Leeu publicà els *Vulgaria Terentii*, un florilegi de *sententiae* de les seves comèdies. És al segle XV quan a la Península Ibèrica es comença a conèixer la figura de Terenci. D'aquest segle daten la majoria dels còdexs de les seves comèdies conservats en diverses biblioteques i la primera edició que se'n va fer, amb el comentari de Donat i el de J. Calphurnius a *El torturador de si mateix* als marges, impresa a Barcelona per l'alemany J. de Rosembach el 1498. A partir del segle XVI, per bé que Plaute fos el preferit del públic, la popularitat de Terenci es fa evident per la proliferació d'edicions[52] i traduccions al romanç.[53] A través de la comèdia humanística llatina primer i de la comèdia en llengua romanç una mica després, Terenci estarà a la base del teatre de l'edat moderna a Europa.[54]

51. J. Mentelin, *Comoediae*, Estrasburg, 1470.

52. Andrea Navagero (1517); Marco Antonio Mureto (Venècia, 1555); Gabriel Faerno (Florència, 1565); Piero Vettori (1565).

53. Guillaume Rippe i Pilles Cybille el tradueixen al francès, el primer en prosa i el segon en vers; V. Boltz, a l'alemany, en prosa (1539) i J. Bischoff, en vers (1566); el 1566 C. Estienne, J. Bourlier i un anònim traduïren l'obra sencera al francès, i a l'anglès R. Burton el 1598.

54. Per a més dades sobre la pervivència de l'obra de Terenci, vegeu: Terenci, *L'Eunuc*. Traducció, introducció i notes de Gemma Puigvert i Planagumà, Edicions de La Magrana, Barcelona, 1994. L'estudi més complet sobre

A Itàlia l'imita diverses vegades, i molt de prop, L. Ariosto: els caràcters de Volpino i Nebbia a *Cassaria* (1508) són un calc de Davo i Sòsia (*La noia d'Andros*); la primera escena de l'acte II és una traducció gairebé literal d'*El torturador de si mateix* II, 3; en els *Suppositi* (1509) modela el tipus del pare Eròstrat sobre el Menedem d'*El torturador de si mateix*; aquesta comèdia també conté elements presos de *L'eunuc*. A *Negromante* (1530) contamina situacions de *La noia d'Andros, Formió* i *La sogra*.

I gelosi (1545), de V. Gabiani, contaminen *La noia d'Andros* i *L'eunuc*. B. Varchi (1503-1565) a la *Suocera* (1557) segueix pas a pas *La sogra* llatina.

A França és prou coneguda la influència de Terenci sobre Molière. La seva obra *Les Fourberies de Scapin* (1671) imiten el *Formió*. La Fontaine (1621-1695) va intentar adaptar *L'eunuc*; el seu *Eunuque* (1654) és, en paraules d'ell, una còpia vulgar d'un original excel·lent. La comèdia, en col·laboració, de Brueys i Palaprat titulada *Le muet* (1691) és una altra adaptació de *L'eunuc*. Baron (1653-1729), deixeble de Molière, representa una *Andrienne*, sobre la base de *La noia d'Andros*. A mitjan segle XVIII Fagan (1702-1755) parteix d'*El torturador de si mateix* per a l'obra *L'inquiet*.

Ja al segle XIX es representa amb èxit, a París, *L'eunuque* de M. Carré (1845).

A Anglaterra cal recordar les adaptacions o imitacions

---

la pervivència de Terenci a Espanya és el de L. Gil, «Terencio en España: del Medioevo a la Ilustración» en A. Pociña *et al.* (eds.), *Estudios sobre Terencio*, Universidad de Granada-Universidades de Granada y Coimbra, 2006, p. 431-460.

de G. Chapman a *All Fools* (1599), a partir del model d'*El torturador de si mateix*; de Ch. Sedley a *Bellamira* (1687), a partir de *L'eunuc*; de R. Steele a *Conscious Lovers* (1722), a partir de *La noia d'Andros* i d'E. Moore a *Foundling*.

A Alemanya sabem que Goethe (1749-1832) llegí Terenci en llatí i que més tard féu representar, en alemany, a Weimar, *La noia d'Andros*, *L'eunuc* i *Els germans*, comèdies traduïdes i adaptades pels seus amics. Ja al segle XX el dramaturg C. Zuckmayer provoca un escàndol amb una reelaboració descarada de *L'eunuc*.

A Holanda Cornelius Schonaeus és un fidel imitador de l'estil Terenci fins al punt que rep el sobrenom *Terentius Christianus* amb el qual apareixen publicades les seves obres.

A Grècia, el poeta C. Kavafis (1863-1933) ens ofereix, entre els seus poemes inèdits,[55] un diàleg suposat entre dos espectadors grecs que assisteixen a la representació d'una comèdia de Terenci.

El dramaturg i novel·lista americà Thornton Wilder (1897-1975) escriu la novel·la *The Woman of Andros* (1930), la primera part de la qual està basada, en paraules de l'autor, en l'obra homònima de Terenci.

Espanya, com s'ha dit, comença a conèixer el nostre comediògraf de manera directa al segle XV. Efectivament, Terenci fou estudiat a les universitats i les seves obres, sobretot durant el segle XVI, representades els dies de festa.

55. *Poesía completa*, Alianza, Madrid, 1984. Trad. P. Bádenas de la Peña.

Sabem que els estatuts de la Universitat de Salamanca, de 1538, prescriuen que cada col·legi representi anualment una comèdia de Plaute o de Terenci.

El dramaturg també exercí una gran influència en la concepció dramàtica i tècnica escènica de *La Celestina* de Fernando de Rojas. Allí on es veu més directament és en el nom dels personatges (Pármeno, Sosia, Crito Traso, Cremes, Centurio) i en la tipologia de personatges (els esclaus, els alcavots, les meretrius, el soldat fanfarró).

Lope de Vega intenta sostreure's de la influència de Terenci quan escriu: «Y cuando he de escribir una comedia encierro los preceptos con seis llaves; saco a Terencio y Plauto de mi estudio para que voces no me den...».[56] Malgrat aquestes precaucions, no es deslliura de la influència del nostre dramaturg, que apareix de manera clara en les seves obres *La guardia cuidadosa* i *La isla bárbara*, on es perceben reminiscències de *La noia d'Andros* i d'*El torturador de si mateix*.

L'analogia de l'obra de Cervantes (1547-1616) *La fuerza de la sangre* respecte de *La sogra* és evident. El quadre de família (Tomás de Avedaño, Constanza i Don Diego de Carriazo) que presenta en l'obra *La ilustre fregona* té el seu paral·lel al que ofereix Terenci a *La noia d'Andros* (Pàmfil, Àndria i Cremes). Però el Terenci de la literatura espanyola és, sens dubte, J. Ruiz de Alarcón (1581-1639). Aquest autor mexicà presenta analogies notables amb l'autor llatí, per la profunda intenció moral i la urbanitat

56. *Arte nuevo de hacer comedias*, vv. 40-44. L'actitud manifestada per Lope de Vega té a veure, segurament, amb el fet que el teatre, a Espanya, es desenvoluparà a contracorrent de la preceptiva clàssica.

ètica de les seves obres; ho és també per la pintura de caràcters i per la universalitat dels pensaments, com també per la distinció, sobrietat i puresa del llenguatge. Una de les obres en què s'adverteix una influència més clara de Terenci és *La verdad sospechosa*.

L'esperit i la tècnica del nostre comediògraf també perviuen en les comèdies de Leandro Fernández de Moratín (1760-1828), que considera les seves comèdies com el prototip del gènere. Hom ha pensat que la semblança entre ambdós autors era indirecta i a través de Molière, però Moratín s'hi apropa molt més, com es pot veure clarament en *El sí de las niñas*.

Als Països Catalans, Terenci apareix citat, a l'edat mitjana, i al costat d'altres autors clàssics i cristians, en els catàlegs de les biblioteques d'alguns monestirs catalans. Així, en l'inventari de la biblioteca del monestir de Santa Maria de Ripoll, fet l'any 1047, un any després de la mort de l'abat Oliba, trobem registrat un Terenci en l'apartat de *libri Artium*, que agrupa diferents textos d'autors clàssics (Virgili, Horaci, Juvenal, etc.). Terenci ocupa també un lloc destacat en el catàleg de la biblioteca de la catedral d'Urgell, però ja en el segle XIII. I apareix citat sovint pels humanistes, tot i que la bibliografia consultada no dóna més informació sobre la influència que va arribar a exercir el nostre poeta en llurs obres.

Menéndez Pelayo cita només una edició anònima, feta a Barcelona, l'any 1498, conservada a la Biblioteca Arquebisbal de Tarragona.

En els inventaris de biblioteques institucionals i de particulars dels segles XIV i XV sovintegen les adquisicions de textos del nostre comediògraf, la qual cosa el situa com un dels preferits, al costat d'altres autors clàssics com Ciceró, Virgili, Ovidi, etc.

Cal esperar el segle XX perquè aparegui la primera traducció catalana de les seves comèdies feta per Pere Coromines i revisada per Joan Coromines, publicada per la Fundació Bernat Metge l'any 1956.

El cas concret d'*Els germans*

Molts crítics consideren *Els germans* com l'obra mestra de Terenci i és probable que l'èxit obtingut en l'estrena fos notable. Una prova d'això són les reposicions pòstumes que se'n van fer, com es pot deduir de l'esment en la didascàlia de tres directors,[57] i que cal explicar com la superposició de dades de diverses representacions. Tenim també constància que aquestes representacions es feien encara en temps de Ciceró[58] i per Amià Marcel·lí[59] sabem que el personatge de Mició continuava essent popular durant el segle IV. L'èxit rau, sobretot, en l'interès del tema que s'hi debat: el problema de l'educació, tema que Terenci ja havia abordat a *La noia d'Andros* i, sobretot, a *El torturador de si mateix*, però que ara desenvolupa de manera completa.

El 1536 Lorenzino de Médici va prendre com a model de referència aquesta obra per a la seva única comèdia,

57. A més d'Ambivi Turpió, els manuscrits citen Atil·li Prenestí i Donat, a més, Minuci Pròtim.

58. *De senectute* 18, 65; *Pro Caelio* 16, 38.

59. XXVIII, 4, 27.

Aridosia, escrita amb motiu de les noces entre el seu cosí Alexandre, duc de Florència, i la filla de Carles V, Margarida. El 1550 Giovan Maria Cecchi, el comediògraf més important del segle XVI, també va partir d'*Els germans* a l'hora d'escriure *I dissimili*.

El 1599, a Anglaterra, *All Fools*, considerada la millor comèdia de G. Chapman, és una adaptació d'*El torturador de si mateix*, amb alguns elements presos d'*Els germans*.

El 1661 Molière, que ja havia imitat el *Phormio* a *Les Fourberies de Scapin*, escriu *L'École des maris*, una comèdia en tres actes en què dos germans (Sganarelle i Ariste), amb una visió de l'educació completament contraposada, són tutors de dues germanes orfes (Léonor i Isabelle);[60] el model és, sens dubte, *Els germans*.

També és una fidel adaptació d'aquesta obra *The Squire of Alsatia* (1688) de l'anglès T. Shadwell.

El 1705, J. Baron, deixeble de Molière, va imitar aquesta peça a *L'École des pères*.

També s'hi inspiren: *The Tender Husband, or The Accomplished Fools* (1705) de R. Steele; alhora hi podem resseguir l'empremta a *Le Père de famille* de Diderot (1758). I a *The Jeaulous Wife* (1761) de l'anglès G. Colman el Vell.

Els germans apareix al centre de qualsevol debat sobre l'educació, i és un punt de referència en l'*Émile* de Rousseau (1762) i també en Goethe, que es feia dir Mició pel seu fill August, el qual, al seu torn, li agradava de definir-se com a Èsquinus.

60. La discussió entre els dos germans ens recorda els vv. 81-154 en què Dèmeas i Mició contrasten els seus punts de vista sobre l'educació.

També està inspirada en aquesta obra *The Guardian* i *Linco's Travels* (1767) de l'anglès D. Garrick. I *The Choleric Man* (1774) de l'anglès R. Cumberland, així com *The Fathers, or The Good-natured Man*, comèdia pòstuma (1778) de l'anglès H. Fielding.

Terenci és un model d'estil per a Vittorio Alfieri, el qual, el 1790, tradueix *Els germans*. També expressarà la seva admiració vers el nostre comediògraf el crític francès Ch.-A. de Sainte Beuve en els *Nouveaux lundis* (1863-1870).

Els germans també són comentats, des del punt de vista pedagògic, per Voltaire, La Harpe, Diderot, Lessing.

La influència de Terenci en la literatura europea de tots els temps ens ha deixat també nombroses dites que han esdevingut d'ús habitual. Potser la més coneguda és: *Homo sum; humani nil a me alienum puto* («Sóc home: res del que és humà no m'és indiferent»: *Heaut.* 77), que ha estat considerada per la crítica com l'essència del concepte d'humanisme. D'altres han passat a ser proverbials, com ara *quot homines, tot sententiae* («Tantes persones, tantes opinions»; cf. «Tants caps, tants barrets»: *Phorm.* 454); *Fortis fortuna adiuuat* («La fortuna ajuda els valents»: *Phorm.* 203).

Bibliografia

Edicions de l'obra

AHSMORE, S. G., *The Comedies of Terence,* Oxford University Press, 1908 (reimpr. 1962).

BARSBY, J., *Terence*, 2. vols., Loeb Classical Library, 2001.

DZIATZKO, C., *Publii Terenti Afri Comoediae*, Leipzig, 1884.

FLECKEISEN, A. P., *Terenti Afri Comoediae*, Leipzig, 1851-1858.

KAUER, R. i LINDSAY, W. M., *P. Terenti Afri Comoediae*, Oxford University Press, 1926 (reimp. amb supl. O. Skutsch, 1958).

MAROUZEAU, J., *Térence*, 3 vols., Les Belles Lettres, París, 1942-1949.

MARTIN, R. H., *Adelphoe*, CUP, Cambridge, 1976.

MENTELIN, J., *Comoediae*, Estrasburg, 1470 (*editio princeps*).

PIAZZI, L., *Terenzio. Adelphoe, Heautontimorumenos*, Oscar Mondadori, Milà, 2006.

RUBIO, L., *Comedias*, 3 vols., CSIC, Barcelona, 1957.

Comentaris

AHSMORE, S. G., *The Comedies of Terence,* Oxford University Press, 1908 (reimpr. 1962).

GERMANO, G. (ed.), *Iacobi Curuli Epitoma Donati in Terentium*, Loffredo, Nàpols, 1987.

JAKOBI, R., *Die Kunst der Exegese im Terenzkommentar des Donat*, W. de Gruyter, Berlín-Nova York, 1996.

KARSTEN, H. T. (ed.), *Commenti Donatiani scholia genuina et spuria probabiliter separare conatus*, 2 vols., A. W. Leiden, Sijthoff, 1912-1913.

RIOU, Y. F., «Les commentaires medievaux de Terence», en MANN, N., MUNK OLSEN, B. (eds.), *Medieval and Renaissance Scholarship. Proceedings of the Second European Science Foundation Workshop on the Classical Tradition in the Middle Ages and the Renaissance*, Brill, Leiden-Nova York-Colònia, 1997, p. 33-49.

SCHLEE, F., *Scholia Terentiana*, Teubner, Leipzig, 1893.

SCHORSCH, F., *Das* commentum Monacense *zu den Komodien des Terenz. Eine Erstedition des Kommentars zu 'Andria', 'Heautontomorumenos' und 'Phormio'*, Narr Verlag, Tubingen, 2011.

WESSNER, P. (ed.), *Aelii Donati commentum Terenti; Eugraphi comentarii; Scholia Bembina*, 3 vols., Teubner, Leipzig, 1902-1905 (reimp. 1966).

Traduccions

En català

COROMINES, J., *Terenci. La sogra; Els germans,* Fundació Bernat Metge, Barcelona, 1960.

PUIGVERT I PLANAGUMÀ, G., *Terenci. L'eunuc*, Edicions de La Magrana, Barcelona, 1994.

En castellà

BRAVO, J. R., *Comedias*, Cátedra, Madrid, 2001.

FONTANA ELBOJ, G., *Terencio. Obras. La andriana — El atormentado — El eunuco — Formión — La suegra — Los hermanos*, Gredos, Madrid, 2008.

LÓPEZ LÓPEZ, A. i POCIÑA, A., *Comedias: La muchacha de Andros, La suegra, Los hermanos*, Akal, Madrid, 1986 (reimpr. 1998).

LÓPEZ FONSECA, A., *El eunuco, Formión, La suegra*, Alianza Editorial, Madrid, 2005.

RUBIO, L., *Comedias*, Alma Mater, Barcelona, 1958-1961.

—, *Comedias*, Alma Mater, CSIC, Madrid, 1992.

Lèxics i índexs

JENKINS, E. B., *Index uerborum Terentianus*, Chapel Hill, University of North Carolina Press, 1932 (reimpr. G. Olms Verlag, Hildesheim, 1962).

MCGLYNN, P., *Lexicon Terentianum*, 2 vols., Blackie and Son, Londres, 1963-1967.

Obres generals d'història de la literatura llatina

CITRONI, M.; CONSOLINO, F. E.; LABATE, M., i NARDUCCI, E., *Letteratura di Roma antica*, Editori Laterza, Roma-Bari, 1997, p. 38-138.

CONTE, G. B., *Letteratura latina. Manuale storico dalle origini alla fine dell'impero romano*, Le Monnier, Florència, 2005 (11a edició), p. 18-114.

CODOÑER, C. (ed.), *Historia de la literatura latina*, Cátedra, Madrid, 1997, p. 13-70.

FERRARI, F., *Storia della letteratura latina. Contesti, generi, autori*, Mondadori Università, Milà, 2005, p. 19-60.

GENTILI, B. i GERRI, G., *La letteratura di Roma arcaica e l'ellenismo*, Aragno, Torí, 2005, p. 81-146.

KENNEY, E. j. i CLAUSEN, W. V. (eds.), *The Cambridge History of Classical Literature. II: Latin Literature*, Cambridge University Press, Cambridge, 1982 / *Historia de la Literatura Clásica (Cambridge University). II. Literatura latina* (versió espanyola d'E. Bombín), Editorial Gredos, Madrid, 1989, p. 99-163.

MARTIN, R. i GAILLARD, J., *Les genres littéraires à Rome*, Nathan, París, 1990, p. 257-313.

VON ALBRECHT, M., *Geschichte der Römischen Literatur*, I, K. G. Saür, Munic-New Providence-Londres-París ,1994 / *Historia de la literatura romana*, I (versió espanyola de D. Estefanía i A. Pociña), Editorial Herder, SA, Barcelona, 1997, p. 107-243.

Obres generals sobre la comèdia romana

ARNOTT, W. G., *Menander, Plautus, Terence*, Clarendon Press, Oxford, 1975.

BEACHAM, R. C., *The Roman Theatre and Its Audience*, Harvard University Press, Cambridge, 1992.

CHIARINI, G., «La rivisitazione degli archetipi. Il teatro», en *Lo spazio letterario di Roma antica*, vol. IV, Salerno ed., Roma, 1991.

— i MOSETTI CASARETTO, F., *Introduzione al teatro latino*, Mondadori Università, Città di Castello, 2004.

DIVERSOS AUTORS, *El teatre grec i romà*. VIIIè Simposi de la Secció Catalana de la SEEC (Reus, 23-25 abril 1985), SEEC (Secció Catalana), Barcelona, 1986.

DUPONT, F., *L'acteur-roi: le théâtre à Rome*, Les Belles Lettres, París, 1985.

GRIMAL,. P., *Le théâtre antique*, PUF, París, 1978.

HUNTER, R. L., *The New Comedy of Greece and Rome*, Cambridge University Press, Cambridge, 1985.

KONSTAN, D., *Roman Comedy,* Cornell University Press, Ithaca i Londres, 1983.

LEIGH, M., *Comedy and the Rise of Rome*, Oxford University Press, Oxford, 2004.

LLARENA, M., *Personae plautinae. Aproximació a la tècnica teatral de Plaute*, Aurea Saecula, Publicacions Universitat de Barcelona, Barcelona, 1994.

LÓPEZ, M., *Los personajes de la comedia plautina: nombre y función,* Pagès editors, Lleida, 1991.

PARATORE, E., «Il teatro latino», en DIVERSOS AUTORS, *Introduzione allo studio della cultura classica* I, Marzorati, Milà, 1972, p. 259-292.

SANDBACH, F. H., *The Comic Theatre of Greece and Rome / Il teatro comico in Grecia e a Roma* (versió italiana de M. de Nonno), Editori Laterza, Roma-Bari, 1979.

SUTTON, D. F., *Ancient Comedy: the War of the Generations*, Twayne Publishers, Nova York, 1993.

Obres sobre Terenci

BARBIERI, A., *La vis comica in Terenzio*, Paideia, Milà, 1951.

BIANCO, O., *Terenzio. Problemi e aspetti dell'originalità*, Edizioni dell'Ateneo, Roma, 1962.

COPPOLA, G., *Teatro di Terenzio,* Poligrafici il Resto del Carlino, Bolonya, 1942.

CUPAIUOLO, C., *Terenzio, teatro e società*, Loffredo, Nàpols, 1991.

FANTHAM, E., «Terence, Diphilus and Menander. A Re-examination of Terence 'Adelphoe' Act II», *Philologus* 112 (1968), p.196-216.

ID., «Hautontimoroumenos ans Adelphoe: A Study of Fatherhood in Terence and Menander», *Latomus* 30 (1971), p. 970-998.

MINARINI, A., *Studi terenziani*, Patron, Bolonya, 1987.

PERELLI, L., *Il teatro rivoluzionario di Terenzio*, La Nuova Italia, Florència, 1973.

POCIÑA, A.; RABAZA, B. i SILVA, M. DE F. (eds.), *Estudios sobre Terencio*, Ed. Universidad de Granada-Universidad de Coimbra, Granada, 2006.

Sobre la llengua i l'estil de Terenci

ALLARDICE, J. T., *Syntax of Terence,* Oxford University Press, Oxford, 1929.

KARAKASIS, E., *Terence and the Language of Roman Comedy*, Cambridge University Press, Cambridge, 2005.

LÓPEZ GREGORIS, R., *El amor en la comedia Latina. Análisis léxico y semántico*, Ediciones Clásicas, Madrid, 2002.

Pervivència del teatre de Terenci

BERTINI, F., *Il teatro di Rosvita: con un saggio di traduzione e di interpretazione del Callimaco*, Tilgher, Gènova, 1979.

BRADEN, G., «Drama», en JENKYNS, R. (ed.), *The Legacy of Rome: a New Appraisal*, Oxford University Press, 1992, p. 243-268; *El teatro*, en JENKYNS, R. (ed.), *El legado de Roma. Una nueva valoración* (versió espanyola de G. Mora, C. Rubies i S. Sanjosé), Crítica, Barcelona, 1995, p. 224-245.

CURTIUS, E. R., *Europäische Literatur und Lateinisches Mittelalter*, A. Francke AC Verlarg, Berna, 1948 / Literatura europea y Edad Media Latina (versió espanyola de M. F. Alatorre i A. Alatorre), Fondo de Cultura Económica, Mèxic, 1989 (4a reimpr.), p. 80 i ss.; 367 i ss.; 620.

GARCÍA JURADO, F. *El arte de leer. Antología de la literatura latina en los autores del siglo* XX, Liceus, Madrid, 2005, p. 49-58.

GIL, L., «Terencio en España: del Medioevo a la Ilustración», en A. POCIÑA *et al.* (eds.), *Estudios sobre Terencio*, Universidad de Granada-Universidades de Granada y Coimbra, 2006, p. 431-460.

HIGHET, G., *The Classical Tradition. Greek and Roman Influences of Western Literature*, Oxford University Press, Oxford, 1967 / *La tradición clásica: influencias griegas y romanas en la literatura occidental* (versió espanyola de M. Frenk i A. Alatorre), Fondo de Cultura Económica, Mèxic, 1878.

PACETTO, G., *La fortuna di Terenzio nel Medioevo e nel Rinascimento*, Tipografia Viaggio-Campo, Catània, 1921.

PARATORE, E., «Il teatro latino nel mondo contemporaneo», *Dionisio* 45 (1971-4), p. 511-513.

RONCONI, A., «Sulla la fortuna di Plauto e di Terenzio nel mondo romano», *Maia* 22 (1970), p. 19-37.

ROSVITA DE GANDERSHEIM, *Dramas*. Ed. de A. Pociña López, Akal Clásicos latinos medievales y renacentistas, Madrid, 2003.

Els germans

Didascàlia[1]

Comença *Els germans* de Terenci. Representada en els Jocs Fúnebres[2] en honor de Luci Emili Paulus,[3] organitzats per Quint Fabi Màxim i Publi Corneli Africà. Posada en escena per Luci Ambivi Turpió[4] i Luci Atili, el Prenestí. Va compondre la música Flac,[5] llibert de Claudi; per a flautes serranes[6] tota la comèdia. Original grec de Menan-

1. Per al significat de «didascàlia», vegeu p. 21.

2. Per a conèixer el marc on es representaren les obres de Terenci, vegeu p. 21.

3. Luci Emili Paulus fou una de les figures més destacades del segle II aC. Fou anomenat el Macedoni per la victòria aconseguida sobre el rei Perseu a Pidna (168 aC) que posà fi a la Tercer Guerra Macedònica. Amb motiu de les exèquies fúnebres, l'any 160 aC, els seus fills Quint Fabi Màxim i Publi Corneli Escipió Emilià Africà organitzaren en honor seu uns jocs fúnebres on es representà aquesta comèdia així com també *La sogra*.

4. Per a la història d'aquest personatge, vegeu p. 22.

5. Flac fou el compositor i, possiblement, l'executor de la música de les sis comèdies de Terenci.

6. La música que acompanyava les parts recitades i cantades de les comèdies s'executava amb una mena de flauta (en llatí, *tibia*) composta per dues canyes que se subjectaven al cap amb una banda perquè el músic tingués

dre. És la sisena que va escriure, essent cònsols Marc Corneli Ceteg i Luci Anici Gal·lus.[7]

les mans lliures per manejar l'instrument. Les flautes podien ser *dextrae*, si es manejaven amb la mà dreta i *sinistrae* si es manejaven amb la mà esquerra. Sembla que les primeres produïen sons més greus i les segones més aguts. Si les dues flautes eren del mateix tipus s'anomenaven *pares*; si no, *impares*.

El nostre text presenta el sintagma *tibiae sarranae*. Segons Servi (*Georg*. 2, 506) Sarra és el nom antic de la ciutat fenícia de Tir. El mateix Servi (*Aen*. 9, 615) classifica les flautes serranes com a *tibiae pares*. També s'ha plantejat la hipòtesi que el nom derivés de *serra*, de la qual imitaria el so, agut i aspre.

El fet que el text digui explícitament *tota* significa que la comèdia sencera va ser interpretada amb un únic tipus de flauta. En un altre cas, l'únic de tot el corpus de Terenci, el d'*El torturador de si mateix*, s'explicita que va ser interpretada, al començament, amb dues flautes *impares* i després amb dues flautes *dextrae*.

7. Foren els dos cònsols de l'any 160 aC.

Perioca[8] de Gai Sulpici Apol·linar

Com que Dèmeas tenia dos fills molt joves, en dóna un, Èsquinus, al seu germà Mició perquè l'adopti i es queda amb l'altre, Ctesifó. Aquest, sotmès a un pare estricte i malcarat, es delia pels encants d'una citarista; l'encobria el seu germà Èsquinus, que feia recaure sobre d'ell les enraonies i la responsabilitat de l'aventura amorosa. Acaba raptant la lirista a l'alcavot. Èsquinus, per la seva banda, havia violat una ciutadana d'Atenes molt pobra i s'havia compromès a casar-s'hi. Dèmeas discuteix amb el seu germà i s'ho agafa molt malament. Però, després, quan es descobreix la veritat, Èsquinus es casa amb la noia violada i Ctesifó es queda amb la citarista.

8. Per al significat de «perioca», vegeu p. 22.

Personatges de l'acció

Mició, vell (pare adoptiu d'Èsquinus)
Dèmeas, vell (germà de Mició i pare d'Èsquinus i Ctesifó)
Sannió, alcavot
Èsquinus, jove (fill de Dèmeas, adoptat per l'oncle, Mició)
Bàquides, prostituta
Parmenó, esclau (de Mició)
Sirus, esclau (de Mició)
Ctesifó, jove (fill de Dèmeas)
Sòstrata, matrona (mare de Pàmfila)
Càntara, vella (criada de Sòstrata)
Geta, esclau (de Sòstrata)
Hegió, vell (parent de Sòstrata)
Dromó, esclau (de Mició)
Estefanió, esclau (de Mició)
Pàmfila, donzella (filla de Sòstrata i amant d'Èsquinus)
(El cantor)[9]

9. Els manuscrits no transmeten la llista de personatges. Això no obstant, alguns còdexs inclouen la il·lustració d'un petit edifici amb els personat-

Parmenó (només parla al v.172), Dromó, Estefanió i Bàquides són personatges muts; Pàmfila diu molt poques paraules.

L'acció es desenvolupa en un carrer d'Atenes, davant de les cases de Mició i de Sòstrata.

La convenció teatral fa que la sortida de la dreta, des del punt de vista dels espectadors, porti cap al fòrum, mentre que la de l'esquerra condueix cap al port o cap al camp.

---

ges que intervenen en la comèdia i el nom que els correspon. És gràcies a aquestes dades que es pot reconstruir la relació de tots els actors.

Pròleg[10]

Com que l'autor s'ha adonat que gent malèvola[11] examina minuciosament les seves obres, i que els seus enemics malparlen de la peça que tot seguit representarem, es delatarà a si mateix; vosaltres jutjareu si se l'ha de lloar o criticar pel que ha fet.

Synapothnéskontes és una comèdia de Dífil[12] que Plaute va prendre com a model dels seus *Commorientes.*[13] A l'original grec hi ha un jove que rapta una prostituta a un alcavot al començament de la comèdia; tot aquest passatge que Plaute va passar per alt el poeta

10. Per a la concepció terenciana del pròleg, vegeu p. 22-28.

11. Referència a Lusci Lanuví i la seva colla. Vegeu p. 23.

12. Un dels tres grans autors de la Comèdia Nova grega, juntament amb Menandre i Filemó.

13. Aquesta comèdia de Plaute no figura en el corpus de les vint-i-una obres establertes com a autèntiques per Varró, les anomenades *fabulae Varronianae.* Dels *Commorientes* 'els que moren junts' només conservem un fragment, *Saliam in puteum praecipes* («em vaig llençar de cap al pou») citat per Priscià (*GLK* II 280, 18).

l'ha pres per als seus *Germans*,[14] i l'ha traduït mot per mot.[15]

Aquesta és l'obra nova que anem a representar; jutgeu si heu de creure que hi ha hagut plagi[16] o bé represa d'un passatge que per descuit fou deixat de banda.

Quant al que diuen aquests malèvols, que homes il·lustres[17] l'ajuden i col·laboren amb ell assíduament en la redacció de les seves obres, això que ells tenen per una injúria gravíssima, ell ho considera la lloança més gran, car agrada a aquells que us agraden a tots vosaltres i al poble, dels serveis dels quals, prestats sense supèrbia, s'ha aprofitat tothom, en el seu moment, en la guerra, en la pau i en els negocis.

I ara no espereu que us expliqui l'argument de la comèdia: els vells que sortiran primer us en descobriran una part, l'altra us la mostraran amb la seva actuació. Feu que la vostra bona disposició augmenti les ganes d'escriure del poeta.

14. És l'escena del rapte amb què comença l'acte segon.

15. No cal entendre les paraules de Terenci al peu de la lletra; tot i que aquesta és una qüestió controvertida, el que es pretén aquí probablement és establir la independència respecte de Plaute i deslliurar-se de les acusacions d'uns crítics que, pel que en diu, sí que sembla que practicaven el principi de literalitat i fidelitat absoluta en les traduccions.

16. En defensar-se del càrrec de *furtum* (plagi) està admetent implícitament el de *contaminatio*. Per al significat de *furtum* i *contaminatio*, vegeu p. 19-20.

17. Publi Escipió Emilià, Gai Leli, etc.

Acte I

Escena I

Mició

MICIÓ: *(Sortint de casa i cridant el seu esclau.)* Estòrax! *(Al públic.)* Èsquinus aquesta nit no ha tornat del sopar,[18] ni ell ni cap dels esclaus que han sortit a buscar-lo.[19] És ben bé cert allò que diuen que si ets en alguna banda lluny de casa i t'hi entretens, és millor que et passi allò que diu de tu i sospita, enrabiada, la teva dona que no pas el que s'imaginen uns pares que t'estimen.

La dona, si trigues, s'imagina que vas darrere una altra o una altra darrere teu, o que et dediques a beure i a la bona vida i que te la passes bé tot sol, mentre ella ho passa malament. I jo perquè el meu fill no ha tornat, la de coses que penso i que em fan estar amb ànsia! Que no s'hagi refredat, que no hagi caigut en algun lloc, que

18. Tot i haver traduït l'original *cena* per sopar, és evident que el terme, en aquest context, té connotacions específiques: Èsquinus ha passat la nit a casa d'una prostituta. Cf. *La noia d'Andros*, 80-83.

19. Donat parla dels esclaus *aduorsitores*, és a dir, els encarregats d'acompanyar els seus joves amos en sortides nocturnes com aquesta (Cf. Plaute, *La comèdia del fantasma*, 880-881).

no s'hagi trencat alguna cosa. Ai! Sembla mentida que un home hagi de buscar-se i ficar-se al cor algú que estimi més que a si mateix! I això que aquest no és fill meu, sinó del meu germà, el qual, ja des de jove, ha tingut un tarannà ben diferent del meu: jo m'he estimat més la vida còmoda i desvagada de la ciutat i —el que aquests[20] tenen per una sort— mai no m'he casat. Ell, tot a l'inrevés de mi: viu al camp; ha dut sempre una vida aspra i austera; es va casar i ha tingut dos fills. Aquest que és el més gran, me'l vaig afillar; l'he criat des de petit i l'he tingut i l'he estimat com si fos fill meu: és la meva joia i l'única cosa que estimo. Faig tot el que puc perquè em correspongui de la mateixa manera: dono, faig els ulls grossos i no crec necessari de fer valer en tot la meva autoritat: en fi, allò que els altres fan d'amagat dels seus pares —allò propi del jovent—, he acostumat el meu fill a no amagar-m'ho. Perquè qui s'hagi acostumat i atrevit a mentir i a enganyar el seu pare encara gosarà més de fer-ho amb els altres. Crec que més val frenar els fills infonent-los respecte i demostrant generositat que no pas amb la por. En aquestes coses el meu germà no està d'acord amb mi ni li agraden. Em ve tot sovint exclamant-se: «Què fas, Mició? Per què fas malbé el nostre xicot? Per què va amb dones? Per què beu? Per què li dónes diners per a aquestes coses? Per què deixes que malgasti en vestits? Ets massa tou!». Ell sí que és massa

20. Creiem que hi pot haver dues interpretacions per a l'original *isti* (aquests): 1) «aquests» podrien ser els espectadors *ciues* (els de la ciutat), contraposats als *rustici* (els del camp); 2) podria designar els espectadors que opinen de manera diferent de Mició respecte del matrimoni.

estricte, passant-se de just i de bo; s'equivoca de mig a mig, penso jo, qui creu que és més ferma i duradora l'autoritat basada en la força que no pas la que es guanya amb l'afecte. Aquest és el meu mètode i aquesta, la meva manera de pensar: qui compleix el seu deure obligat pels càstigs, només vigila mentre sospita que el poden descobrir, però si té l'esperança que la cosa resti en secret, torna altre cop a fer de les seves. El qui et fas teu amb bones accions, actua de cor, procura pagar-te amb la mateixa moneda i, el vegin o no, serà el mateix. El que escau a un pare és acostumar el seu fill a portar-se bé per voluntat pròpia més que no pas per la por dels altres: vet aquí la diferència entre un pare i un amo. Qui no els sàpiga distingir, que reconegui que no sap governar els seus fills. *(Veient que arriba Dèmeas.)* Però no és aquest el mateix de qui parlava? I tant que l'és! El veig capficat per no sé què. Em penso que ja ve a buscar raons, com de costum. *(A Dèmeas.)* M'alegra que arribis bé, Dèmeas.

Escena II

Dèmeas, Mició

DÈMEAS: *(Entrant per la dreta.)* Arribes al punt! Justament t'estava buscant.[21]

MICIÓ: Per què estàs tan enrabiat?

DÈMEAS: Tenint com tenim un fill com Èsquinus, em preguntes per què estic enrabiat?

MICIÓ: *(A part.)* No us ho he dit que passaria això? *(A Dèmeas.)* Què ha fet?

DÈMEAS: Que què ha fet? Si no té vergonya de res ni té por de ningú ni respecta cap llei! Perquè, passo per alt el que ha fet abans; però, saps quina una n'ha tramat ara?

MICIÓ: Què ha fet?

DÈMEAS: Ha esbotzat una porta i ha entrat en una casa aliena; ha apallissat l'amo i tots els que hi vivien fins a deixar-los per morts; i ha raptat la dona que estimava.

21. És important remarcar el fet que Dèmeas no respon a la salutació que li fa el germà. Donat ens informa que a l'original de Menandre Dèmeas sí que ho feia. Aquest canvi potser pot explicar-se per la voluntat de Terenci de subratllar el caràcter rude i aspre de Dèmeas.

Tothom exclama que és escandalós el que ha fet. Quanta gent m'ho ha dit, Mició, mentre venia cap aquí! Està en boca de tothom. Per acabar, si cal posar-li un exemple, ¿no veu el seu germà com vetlla pel patrimoni, com viu al camp, tenint-ne prou amb ben poca cosa? Res de semblant al que fa ell. I el que li dic a ell, Mició, t'ho dic a tu. Ets tu qui deixes que vagi per mal camí.

MICIÓ: No hi ha res al món més injust que un home ignorant, que només dóna per bo el que fa ell.

DÈMEAS: Per què ho dius això?

MICIÓ: Perquè tu, Dèmeas, jutges malament aquestes coses. No és un crim, creu-me, que un jovenet vagi de meuques ni que begui, no, ni que esbotzi una porta. Si ni tu ni jo no ho vam fer va ser perquè la pobresa no ens ho va permetre. I ara et vantes d'haver actuat així alesCores per falta de recursos? És injust. Perquè si haguéssim tingut diners per fer-ho, ho hauríem fet. I tu al teu noi, si fossis humà, li ho deixaries fer ara que és jove sense que hagi d'esperar que tu ja hagis mort per fer el mateix a una edat en què ja no toca.

DÈMEAS: Per Júpiter, tu, amb la teva humanitat, em fareu tornar boig! No és un escàndol que un jovenet faci això?

MICIÓ: Bé, escolta, no m'atabalis més amb això: m'has donat el teu fill perquè l'adoptés; s'ha convertit en fill meu; si comet una falta, Dèmeas, la comet contra mi; sóc jo qui en aquest cas en pago les conseqüències. Que fa tiberis,[22] que beu, que fa olor de perfums? Va a

22. Varró, *L.L.* VII 84, ofereix la lectura *scortatur* «que va de meuques», en lloc del terme *opsonat* que ofereix l'edició de Kauer-Lindsay.

càrrec meu. Que té amants? Li donaré jo els diners mentre pugui; quan no, potser el faran fora. Ha esbotzat una porta? Serà refeta. Ha esquinçat vestits? Seran recosits. Gràcies als déus tinc diners per fer-ho, i per ara no em reca. Així que, o pares o tria l'àrbitre que vulguis; et demostraré que estàs molt equivocat en aquest assumpte.

DÈMEAS: Ai de mi, aprèn a ser pare amb els qui en saben de debò!

MICIÓ: Tu li ets pare per naturalesa; jo, pels consells que li dono.

DÈMEAS: *(Amb escarni.)* Tu li dónes consells?

MICIÓ: Ah, si hi tornes, me'n vaig.

DÈMEAS: I així t'ho prens?

MICIÓ: Tantes vegades he de sentir la mateixa història?

DÈMEAS: És que em té preocupat.

MICIÓ: També a mi m'hi té. Però, Dèmeas, tinguem cura cadascú de la part que ens correspon: tu de l'un i jo de l'altre. Perquè si et preocupes de tots dos és com si em reclamessis el que em vas donar.

DÈMEAS: Ah, Mició!

MICIÓ: A mi així m'ho sembla.

DÈMEAS: Molt bé, doncs. Si t'està bé així, que malgasti, que s'arruïni, que es perdi! No m'importa gens. Des d'ara una paraula més i...

MICIÓ: Dèmeas, ja tornes a enfadar-te?

DÈMEAS: Que no em creus? Que et reclamo el que et vaig donar? Em sap greu. No sóc cap estrany; però, si destorbo..., bé, deixem-ho estar. Vols que estigui per un de sol; molt bé. I dono gràcies als déus perquè es porta com jo vull. Aquest teu s'adonarà per ell mateix més endavant... No vull dir paraules massa gruixudes contra ell *(Surt per la dreta.)*

MICIÓ: *(Sol.)* En alguna cosa del que diu sí que té raó. Però el cert és que m'ha sabut una mica de greu aquesta història. Tot i així no he volgut deixar-li veure que m'ha fet enfadar. I és que és així aquest home: si vull calmar-lo l'he de contradir de ferm i fer-li por; i tot i així li costa agafar-s'ho bé; però si atiés o fomentés la seva ira, acabaríem perdent el cap tots dos. Per bé que Èsquinus, en aquest assumpte, ha estat una mica injust amb mi, ¿de quina prostituta no ha estat enamorat? A quina no li ha fet algun regal? Per fi, no fa gaire (crec que ja fart de totes) va dir que es volia casar. Jo esperava que ja li haguessin passat els fogots de la joventut, i me n'alegrava. Vet aquí, però, que hi torna! Sigui com sigui, vull saber què passa i trobar-me amb ell, si és que és al fòrum. *(Surt per la dreta.)*

Acte II

Escena I

Sannió, Èsquinus, Parmenó (Bàquides)[23]

SANNIÓ: *(Perseguint Èsquinus, Bàquides i Parmenó.)* Us ho suplico, ciutadans, doneu ajut a un desgraciat i innocent, socorreu un desvalgut!

ÈSQUINUS: *(A Bàquides.)* Calma! Atura't ja, aquí mateix. Per què et gires? No hi ha perill; mai, mentre jo hi sigui, aquest home no et posarà les mans a sobre.

SANNIÓ: Jo, aquesta dona *(referint-se a Bàquides)*, mal que pesi a tothom...

ÈSQUINUS: Per més brètol que sigui, no s'exposarà pas avui a tornar a rebre.

SANNIÓ: Èsquinus, escolta, perquè després no puguis dir que no saps qui sóc: sóc un alcavot.

ÈSQUINUS: Prou que ho sé.

SANNIÓ: Sí, però tan honrat com mai no n'hi ha hagut cap! I si tu més endavant véns amb l'excusa que no volies ofendre'm, no te'n faré cas, ni així *(fent-ne demostració*

23. Aquesta és l'escena que el mateix Terenci reconeix en el pròleg (vv. 6-11) que ha pres dels *Synapothnéskontes* de Dífil. Acaba amb l'entrada d'Èsquinus a casa de Mició (v. 196).

amb la punta dels dos dits). Creu-me, faré valer els meus drets i mai no podràs reparar amb paraules el mal que m'has causat amb fets. Conec la vostra cançoneta: «em sap greu el que ha passat; sostindré sota jurament que ets indigne d'aquesta ofensa», quan el que és indigne és el tracte que he rebut.

ÈSQUINUS: *(Al seu esclau.)* Passa davant, sense por, i obre la porta.

SANNIÓ: Però que no fas cas del que et dic?

ÈSQUINUS: *(A Bàquides.)* Entra d'una vegada!

SANNIÓ: *(Intentant barrar el pas a Bàquides.)* Ben cert que no ho permetré.

ÈSQUINUS: *(Adreçant-se a Parmenó.)* Acosta't cap aquí, Parmenó *(Parmenó es mou)*. (Te n'has anat massa lluny). Posa't al seu costat, així, així està bé. I ara procura de no apartar gens els teus ulls dels meus, perquè, si et faig un senyal, no triguis a clavar-li un bon cop de puny a la galta.

SANNIÓ: Això és el que voldria que provés de fer *(agafa Bàquides per un braç)*.

ÈSQUINUS: *(A Parmenó.)* Eh, alerta!

PARMENÓ: *(A Sannió.)* Deixa anar la dona! *(Dóna un cop de puny a Sannió.)*

SANNIÓ: Quina vergonya! *(Deixa anar la noia)*.

ÈSQUINUS: Repetirà, si no vas amb compte. *(Parmenó li'n dóna un altre.)*

SANNIÓ: Ai, pobre de mi!

ÈSQUINUS: *(A Parmenó.)* Jo no t'havia fet senyal; però bé, més val que t'equivoquis per excés. *(A la noia.)* Au, vés. *(Bàquides i Parmenó entren a casa de Mició.)*

SANNIÓ: Què vol dir això? Que potser ets tu, aquí, el rei, Èsquinus?

ÈSQUINUS: Si ho fos, ja t'hauria condecorat com correspon als teus mèrits.

SANNIÓ: Tenim alguna cosa en comú, tu i jo?

ÈSQUINUS: *(Sarcàstic.)* Ja res.

SANNIÓ: Què? No saps qui sóc, jo?

ÈSQUINUS: Ni ganes.

SANNIÓ: He tocat res que fos teu?

ÈSQUINUS: Si ho haguessis tocat, t'hauries endut una bona pallissa.

SANNIÓ: I com és que tu tens més dret que no pas jo de quedar-te la que és meva, per qui jo vaig donar diners? Contesta.

ÈSQUINUS: Més valdrà que no moguis renyines aquí, davant de la casa. Perquè, si continues essent tan paparra, t'arrossegaran cap a dins i et cobriran de fuetades fins a la mort.

SANNIÓ: Fuetades a un home lliure?

ÈSQUINUS: Com ho sents.

SANNIÓ: Indecent! I és aquí[24] on diuen que tots som iguals?

ÈSQUINUS: Si ja t'has ben desfogat, alcavot, escolta'm, sisplau.

SANNIÓ: Sóc jo qui m'he desfogat o tu contra mi?

ÈSQUINUS: Deixem-ho estar i tornem a l'assumpte.

SANNIÓ: A quin assumpte? On hem de tornar?

ÈSQUINUS: Vols que et digui una cosa que t'interessa?

SANNIÓ: I tant, si és que és una cosa justa.

ÈSQUINUS: Vaja! Un alcavot que no em deixa dir coses injustes.

24. En aquests mots pronunciats per l'alcavot hi hem de veure l'orgull que produïa entre els atenesos la seva democràcia.

SANNIÓ: Sóc alcavot, ho confesso, la ruïna de tots els joves, un perjur, una pesta. Però, a tu, jo no t'he fet mai cap mal.

ÈSQUINUS: Només faltaria això, per Hèrcules!

SANNIÓ: Fes-me el favor, Èsquinus, torna al començament.

ÈSQUINUS: Tu la vas comprar per vint mines (que mal profit et facin!): se't pagarà la mateixa quantitat.[25]

SANNIÓ: I si no te la vull vendre? M'hi obligaràs?

ÈSQUINUS: De cap manera!

SANNIÓ: És que m'ho temia.

ÈSQUINUS: No veig que es pugui vendre una dona que és lliure, perquè jo li imposo la mà per tal de declarar-la lliure.[26] Mira què et convé més: acceptar els diners o preparar-te per a la causa. Pensa-hi mentre torno, alcavot.[27] *(Entra a casa de Mició.)*

Sannió

SANNIÓ: *(Tot sol.)* Oh Júpiter suprem! No m'estranya gens que hi hagi qui embogeixi per una injustícia. M'ha tret de casa per força, m'ha apallissat, s'ha endut contra la meva voluntat una de les meves noies. I en recompensa d'aquestes malifetes demana que la hi vengui pel preu

25. El preu d'una esclava solia oscil·lar entre 20 i 30 mines (Cf. *Formió* 557). Vint mines són 2.000 dracmes, equivalents a uns 8.000 sestercis, uns nou quilos de plata.

26. Es refereix a la fórmula amb què es declarava lliure un esclau: posant-li les mans a sobre.

27. Aquí acaba l'escena que Terenci va agafar dels *Synapothnéskontes*. La resta de la comèdia correspon, doncs, a l'original de Menandre.

de compra. Ai pobre de mi, m'ha etzibat més de cinc-cents cops de puny. *(Amb ironia.)* Però, vaja, ja que tan bé s'ha portat amb mi, que sigui el que ell vulgui. Reclama els seus drets. Vinga! Ja en tinc ganes, sempre que em pagui els diners. Però jo ja endevino què passarà: tan bon punt li digui que la hi dono per tant, de seguida presentarà testimonis que la hi he venut; i dels diners, somnis! *(Imitant Èsquinus:)* «Després; torna demà». Tot això encara podria aguantar-ho, si és que paga, per bé que és injust. Però cal acceptar la realitat: des del moment que tries aquest ofici, has de rebre i empassar-te les ofenses dels joves. Però no pagarà pas; és en va que passo comptes amb mi mateix.

Escena II

Sirus, Sannió

SIRUS: *(Surt de casa de Mició, parlant amb Èsquinus, que es queda a dins.)* Calla. Ara mateix me'n vaig a trobar-lo. Faré per manera que ho accepti de bona gana i que digui, fins i tot, que se l'ha tractat bé. *(Veient que arriba Sannió.)* Què és això, Sannió, que sento dir, que t'has barallat amb l'amo per no sé què?

SANNIÓ: Mai no he vist una batalla més desigual que la que hi ha hagut avui entre nosaltres. Jo rebent i ell pegant, tots dos hem quedat completament baldats.

SIRUS: Per culpa teva.

SANNIÓ: Què havia de fer?

SIRUS: Complaure el jove.[28]

SANNIÓ: Què més vaig poder fer, si vaig passar-me el dia parant-li la cara?[29]

SIRUS: Vinga, que ja saps què vull dir: deixar perdre diners

28. Segons Donat, la frase té un doble sentit sexual.

29. L'alcavot es queixa d'haver ofert la cara als cops del noi, però també està dient que ha posat la boca per fer-li una fel·lació.

en el moment oportú de vegades és el millor negoci. Ui! Has tingut por, tu el més ximple de tots els homes, que si ara haguessis cedit una mica en els teus drets i haguessis complagut[30] el jove, això no t'hauria rendit?

SANNIÓ: Jo no compro esperances amb diners.

SIRUS: Mai no faràs fortuna. Vés, que no saps com s'ensarrona la gent, Sannió.

SANNIÓ: Crec que tens raó; però el que és jo mai no he estat prou viu de no estimar-me més de cobrar en mà tot el que podia.

SIRUS: Vinga, que et conec: com si signifiquessin alguna cosa per a tu vint mines, quan es tracta de complaure'l. A més, diuen que te'n vas a Xipre...

SANNIÓ: Eh? *(Sorprès.)*

SIRUS: Que has comprat aquí moltes mercaderies, per emportar-te-les cap allà i que tens llogada una nau; és per això, ho sé, que estàs en ànsia. Però quan n'hagis tornat —així ho espero— ja tancaràs aquest afer.

SANNIÓ: No faré ni un pas! *(A part.)* Per Hèrcules que estic perdut. Era això el que esperaven quan s'han posat en aquest assumpte.

SIRUS: *(A part.)* Té por. Li he fet pujar la mosca al nas.

SANNIÓ: Miserables! Mira com ha trobat el moment just per atacar-me. Tinc comprades moltes dones i també altres mercaderies que porto cap a Xipre. Si no hi arribo per al dia del mercat, perdré un munt de diners. Però si ara deixo sense resoldre el problema, quan en torni, perdré el temps; no hi haurà res a fer. La cosa s'haurà refredat. «Tot just ara véns? Per què ho vas permetre?

30. S'entén «complaure sexualment».

On eres?» Tant, que més val perdre els diners que no pas quedar-me aquí tant de temps o reclamar-los a la tornada.

SIRUS: Ja has fet els comptes del que penses cobrar?

SANNIÓ: És digne d'Èsquinus un comportament així? Gosar fer això, pretendre prendre'm aquesta noia per força!

SIRUS: *(A part.)* Ja trontolla. Només tinc una proposta. A veure si t'agrada: abans de córrer el risc, Sannió, de salvar-ho o perdre-ho tot, fes-li a meitat de preu: arreplegarà deu mines d'on sigui.

SANNIÓ: Ai de mi! El capital i tot, pobre de mi, tinc ara en perill? No li fa vergonya? M'ha deixat ballant totes les dents, i encara tinc tot el cap abonyegat dels cops de puny que m'ha ventat. I que a sobre m'estafi? No em moc d'aquí.

SIRUS: Tu mateix. Vols res més o me'n puc anar?

SANNIÓ: Sí, per Hèrcules, vull demanar-te un favor, Sirus. Sigui el que sigui el que ha passat, abans d'entaular un plet, que em pagui el que és meu, almenys el que ella m'ha costat, Sirus. Sé que fins ara no has tret profit de la meva amistat. Però veuràs que podràs dir que sóc un home de memòria i agraït.

SIRUS: Faré el que pugui. Però vet aquí Ctesifó. Està content per la seva amiga.

SANNIÓ: I del favor que t'he demanat, què?

SIRUS: Espera't una mica.

Escena III

Ctesifó, Sannió, Sirus

CTESIFÓ: *(Sense veure els altres.)* De qualsevol persona, quan cal, t'alegres de rebre un favor. Però el que és segur que agrada de debò és que te'l faci la persona que ha de fer-te'l. Oh, germà, germà, amb quins mots podré lloar-te ara? Sé prou bé que mai les meves lloances no estaran a l'altura de les teves qualitats. Així que l'únic avantatge especial que considero que tinc per damunt dels altres és que cap home no té un germà que superi el meu en les virtuts més grans.

SIRUS: Oh, Ctesifó!

CTESIFÓ: Sirus, on és Èsquinus?

SIRUS: *(Senyalant la casa de Mició.)* Allà el tens, t'espera a casa.

CTESIFÓ: *(Sorprès i emocionat.)* Eh?

SIRUS: Què passa?

CTESIFÓ: Que què passa? Gràcies a ell, Sirus, estic viu. Quin home més encantador! Que ho ha sacrificat tot per mi: les enraonies, la mala fama, les meves dificultats, la meva culpa, tot s'ho ha carregat al damunt. Més ja no podia fer. Per què ha grinyolat la porta?

SIRUS: Espera, espera, és ell qui surt.

Escena IV

Èsquinus, Ctesifó, Sirus, Sannió

ÈSQUINUS: *(Sortint de casa.)* On és aquell perdulari?

SANNIÓ: *(A part.)* Em busca a mi. Que porta alguna cosa?[31] Estic perdut: no veig res.

ÈSQUINUS: Ah, arribes en bona hora; és a tu que et busco. Com anem, Ctesifó? Tot l'assumpte està arreglat. Au vinga, deixa la teva tristesa.

CTESIFÓ: Ja la deixo, ja, per Hèrcules, tenint un germà com tu: oh, Èsquinus meu, o germà meu! Ah, no goso elogiar-te més a la cara, perquè no et pensis que ho faig més per afalac que per agraïment.

ÈSQUINUS: Au vinga, ximplet, com si no ens coneguéssim tu i jo, Ctesifó. El que em sap greu és que per poc ho hauríem sabut massa tard i que hauríem pogut arribar a un punt en què, per més que tothom ho hagués volgut, ningú no t'hauria pogut ajudar gens.

CTESIFÓ: És que em feia vergonya.

31. L'alcavot mira si Èsquinus porta una bossa amb els diners per pagar-li.

ÈSQUINUS: Ah, això és una bestiesa, no pas vergonya. Per tan poca cosa, estar a punt de deixar la pàtria![32] Si fa vergonya dir-ho. Prego als déus que ens en guardin.

CTESIFÓ: Em vaig equivocar.

ÈSQUINUS: *(A Sirus.)* I què ens diu, per acabar, Sannió?

SIRUS: Ja s'ha calmat.

ÈSQUINUS: Jo aniré al fòrum a pagar-li *(adreçant-se a Ctesifó)*. I tu, Ctesifó, cap a dins, amb ella. *(Ctesifó entra.)*

SANNIÓ: (*Acostant-se.*) Sirus, insisteix.

SIRUS: (*A Èsquinus.)* Anem, perquè aquest té pressa de sortir cap a Xipre.

SANNIÓ: No tanta com et penses; encara segueixo aquí tranquil·lament.

SIRUS: Se't pagarà. No tinguis por.

SANNIÓ: Però que m'ho pagui tot.

SIRUS: Ho pagarà tot. Ara calla i segueix-me cap aquí.

SANNIÓ: Et segueixo. *(Èsquinus i Sannió surten per la dreta; Sirus se'n va però és detingut per Ctesifó.)*

CTESIFÓ: Ei, ei, Sirus.

SIRUS: Eh? Què hi ha?

CTESIFÓ: Et prego, per Hèrcules, que pagueu com més aviat es pugui aquest subjecte fastigós, no sigui que, si s'irrita més, això arribi d'alguna manera al meu pare i aleshores sí que estaria mort per sempre.

SIRUS: No passarà. Estigues tranquil. Tu, mentrestant, allà

32. Ctesifó hauria amenaçat amb deixar Atenes si no aconseguia la noia, un lloc comú en la Comèdia Nova Grega tractant-se, com en aquest cas, d'un amant contrariat. En l'original de Menandre Ctesifó amenaçava amb el suïcidi.

dins, passa-t'ho bé amb ella, fes-nos parar els llits i preparar tota la resta. Jo, un cop enllestida la feina, me'n tornaré cap a casa amb la vianda. *(Surt per la dreta.)*

CTESIFÓ: Sí, t'ho prego. Ja que tot ha sortit bé, celebrem amb alegria aquest dia *(entra a casa de Mició)*.

Acte III

Escena I

Sòstrata, Càntara

SÒSTRATA: *(Sortint de casa, amb la Càntara.)* Digues-me, dida meva, què passarà ara?

CÀNTARA: Que què passarà, em demanes? Espero, per Pòl·lux, que tot vagi bé. Els dolors, filla meva, tot just acaben de començar, i ara ja tens por, com si mai no haguessis assistit a un part o mai no haguessis parit tu mateixa?

SÒSTRATA: Ai pobra de mi, no tinc ningú —estem soles, Geta no hi és— per enviar a buscar la llevadora ni per avisar Èsquinus.

CÀNTARA: Ell, per Pòl·lux, aviat serà aquí. No hi ha dia que no vingui.

SÒSTRATA: És l'únic remei per a les meves desgràcies.

CÀNTARA: Ateses les circumstàncies, mestressa, i acceptant que ha estat violada, les coses no podien anar millor de com han anat, sobretot pel que fa a ell, un jove així, de bon cor i llinatge, i nascut en tan bona casa.

SÒSTRATA: Per Pòl·lux que és ben bé com tu dius i prego als déus que ens el conservin.

Escena II

Geta, Sòstrata, Càntara

GETA: *(Corrent, sense veure ningú.)*[33] A aquest punt, encara que tots unissin els seus consells i busquessin posar remei a aquest mal, no podrien oferir-nos cap ajut ni a mi ni a la mestressa ni a la filla de la mestressa. Ai, pobre de mi! Quants mals ens assetgen de sobte i que no en puguem sortir: la violència, la pobresa, la injustícia, la soledat, la deshonra. Quin món aquest! Quina maldat! Quines nissagues tan sacrílegues! Quin home més pervers!

SÒSTRATA: *(A Càntara.)* Pobra de mi, com és que veig Geta tan esverat i agitat?

GETA: ... Ell que ni la paraula ni el jurament ni la pietat no l'han retingut ni fet penedir ni tan sols la imminència del part d'aquella desventurada que tan indignament havia violat i deshonrat.

CÀNTARA: *(A Càntara.)* No entenc prou bé el que diu.

GETA: Ai desgraciat de mi! Amb prou feines hi sóc tot, de

33. És un dels pocs exemples de *seruus currens* de Terenci.

tan inflamat de ràbia com estic. No hi ha res que desitgi més que trobar-me de cara amb tota la gent d'aquella casa, per escopir-los a sobre tota aquesta ràbia ara que encara tinc fresca aquesta ferida. Em bastaria com a càstig el fet de poder venjar-me'n. Per començar mataria el vell, l'amo, que ha criat aquell criminal; després, Sirus, l'instigador, ai, de quina manera el faria a trossets. Primer l'aixecaria enlaire per la cintura i el faria anar de cap per terra perquè esquitxés de cervell tot el carrer; al jove, li arrencaria els ulls i després el tiraria daltabaix; la resta, els estimbaria, els sacsejaria, els plomaria, els tundaria, els estaborniria. Però, per què trigo a fer saber a la mestressa aquesta desgràcia?

SÒSTRATA: *(A Càntara.)* Cridem-lo. *(A Geta.)* Geta!

GETA: *(No veient Sòstrata.)* Eh? Siguis qui siguis, deixa'm en pau.

SÒSTRATA: Sóc jo, Sòstrata.

GETA: *(Mirant cap a una banda i cap a l'altra.)* On és? *(Veient, finalment, Sòstrata.)* A tu t'estava buscant.

SÒSTRATA: I jo a tu t'estava esperant. Has arribat al punt.

GETA: Mestressa...

SÒSTRATA: Què passa? Per què estàs tan esverat?

GETA: Ai de mi!

CÀNTARA: A què ve tanta pressa, Geta meu? Agafa aire.

GETA: Estem completament...

SÒSTRATA: Què és això de «completament»?

GETA: Perduts! S'ha acabat.

SÒSTRATA: Et demano que m'expliquis què ha passat.

GETA: Ja...

SÒSTRATA: «Ja» què, Geta?

GETA: ... És Èsquinus...

SÒSTRATA: Què li passa?

GETA: ... és un estrany per a la nostra família.

SÒSTRATA: Ai, estic perduda! Per què?

GETA: Resulta que n'estima una altra.

SÒSTRATA: Ai miserable de mi...

GETA: I que no ho amaga pas, ell mateix l'ha robada de casa de l'alcavot a la vista de tothom.

SÒSTRATA: De debò?

GETA: I tant! Jo mateix ho he vist amb aquests ulls *(senyalant-los),* Sòstrata.

SÒSTRATA: Ai miserable de mi! Què he de creure, a qui he de creure? El nostre Èsquinus, la nostra vida, en qui estaven posades les nostres esperances i tots els nostres recursos, el que jurava que sense ella no hauria pogut viure ni un sol dia? El que deia que posaria el fill a la falda del seu pare, per suplicar-li així que li permetés de casar-se amb ella?

GETA: Mestressa, deixa't de llàgrimes i més aviat reflexiona què cal fer ara en aquesta situació. Ens aguantarem o ho explicarem a algú?

CÀNTARA: Ai, ai, amic meu, estàs bé del cap? De debò que et sembla que això es pot explicar?

GETA: La veritat és que no em sembla bé. De primer els fets ja demostren que el seu cor és lluny de nosaltres. Si ara ho esbombem, prou sé que ho negarà i el teu bon nom i la vida de la teva filla estaran en perill. I si s'avé a reconèixer-ho, i vist que se n'estima una altra, no seria convenient donar-li la noia. Per tant, i en qualsevol cas, és millor callar.

SÒSTRATA: Ah, no, per res del món! No ho faré.

GETA: I què faràs, doncs?

SÒSTRATA: Explicar-ho a tothom.

CÀNTARA: Ai, Sòstrata meva, mira bé el que fas.

SÒSTRATA: La cosa no pot estar pitjor del que ara està. De primer, no té dot; després, ha perdut el que per a ella podia ser com un segon dot: no pot ser donada en matrimoni com a verge. Només ens queda una cosa: si ell es desdiu de tot, tinc com a testimoni l'anell[34] que havia enviat. En fi, vist que sé que no en tinc cap culpa, que pel mig no hi hagué ni diners ni res de què ens haguéssim d'avergonyir-nos o ella o jo, aniré als tribunals, estimat Geta.

GETA: Què vols que t'hi digui? Cedeixo si el que dius és millor.

SÒSTRATA: Tu, vés-te'n tan de pressa com puguis i explica la cosa fil per randa a Hegió, el parent de Pàmfila. Era un gran amic del nostre Símul[35] i sempre ens ha tingut en estima.

GETA: Ningú més, per Hèrcules, mirarà per nosaltres.

SÒSTRATA: Tu, afanya't, Càntara meva, corre, fes venir la llevadora, perquè, quan faci falta, no ens faci esperar *(Sòstrata entra a casa; Càntara surt per la dreta)*.

34. L'anell que serveix de testimoni per revelar la identitat d'un personatge és un tòpic de la *palliata*. (Cf. *La sogra* 811).

Plini (*NH* , XXXIII, 4) dóna fe del costum del promès d'enviar un anell de ferro a la família de la promesa com a penyora de casament.

35. Fa referència a Símul, marit de Sòstrata i pare de Pàmfila, ja difunt.

Escena III

Dèmeas, Sirus (Dromó)

DÈMEAS: *(Entrant per la dreta.)* Sóc home mort! He sentit dir que el meu fill Ctesifó acompanyava Èsquinus en el moment del rapte.[36] Només em faltava aquesta desgràcia, pobre de mi, que ell, que és home de profit, me'l pugui dur pel mal camí! On l'he d'anar a buscar? Me l'imagino entaforat en algun tuguri; el deu haver convençut aquell perdulari,[37] prou que ho sé. Però, vet aquí que veig que arriba Sirus. Segur que em sabrà dir on és. Encara que, per Hèrcules, aquest és de la mateixa colla; si s'adona que l'estic buscant mai no m'ho dirà, el molt carn de forca. Faré com qui no vol la cosa.

SIRUS: *(Arribant del mercat amb un cistell de peix, sense veure Dèmeas.)* Ara mateix hem explicat al vell[38] com ha anat la cosa, punt per punt; no he vist mai ningú més content.

36. El que diu Dèmeas no és ben bé exacte si tenim en compte la descripció que es fa del rapte en l'acte II.

37. És a dir, Èsquinus.

38. Mició.

DÈMEAS: *(A part.)* Per Júpiter, quin home més ximple!

SIRUS: *(Sense veure Dèmeas.)* Ha omplert de lloances el seu fill; i a mi, que li ho vaig aconsellar, m'ha donat les gràcies.

DÈMEAS: *(A part.)* Estic que revento!

SIRUS: A l'acte ens va donar els diners; i encara mitja mina[39] més per a despeses. I els he distribuït ben bé com m'ha semblat.

DÈMEAS: Té, fia-te'n, si vols una bona administració.

SIRUS: *(Adonant-se de la presència de Dèmeas.)* Oh, Dèmeas! No t'hi sabia. Com anem?

DÈMEAS: Que com anem? No acabo mai de meravellar-me de la vostra conducta.

SIRUS: És bèstia, per Hèrcules, si he de ser sincer, i absurda. *(A un esclau, que és dins de la cuina.)* Neteja els altres peixos, Dromó. I aquest congre més gros el deixes que bellugui dins l'aigua una estona més; quan entri, li traurem l'espina. Abans, no.

DÈMEAS: Quins escàndols!

SIRUS: El que és a mi no m'agraden i sovint alço la veu. *(A un altre esclau.)* Estefanió, fes que aquests salums es macerin bé.

DÈMEAS: Per la fe dels déus! S'hi estudia o creu que fa mèrits portant a la ruïna el seu fill? Ai, miserable de mi! Ja em sembla veure el dia en què, arruïnat, fugirà en alguna banda, a fer el soldat.

SIRUS: Oh Dèmeas, això sí que és saviesa: no veure només el que tens davant dels nassos, sinó preveure també el futur!

39. Cinquanta dracmes, equivalents a uns dos-cents sestercis, uns doscents vint-i-cinc grams de plata.

DÈMEAS: I què? Aquesta citarista ja és a casa vostra?
SIRUS: Sí, la tens allà dins *(assenyalant la casa de Mició).*
DÈMEAS: Com? La pensa tenir a casa?
SIRUS: Suposo que sí, tarambana com és.
DÈMEAS: Serà possible!
SIRUS: La bondat del pare és estúpida, i la seva indulgència, culpable.
DÈMEAS: La veritat és que el meu germà em fa pena i vergonya.
SIRUS: Entre vosaltres, Dèmeas —i no t'ho dic perquè et tingui al davant— hi ha una gran, gran diferència. Tu no ets altra cosa que seny de cap a peus; ell, un somiatruites. Què? Al teu, tu li hauries deixat fer aquestes coses?
DÈMEAS: Que si li hauria deixat fer? No m'ho hauria ensumat sis mesos sencers abans que comencés a fer de les seves?
SIRUS: A mi em vols explicar com en tens cura?
DÈMEAS: L'únic que demano és que segueixi com és ara.
SIRUS: Tal com volen els pares, així són els fills / Cadascú té el fill que vol tenir / De tal pare tal fill.
DÈMEAS: I el meu? L'has vist avui?
SIRUS: El teu fill? *(A part, en veu baixa).* L'engegaré cap al camp. *(A Dèmeas. En veu alta.)* Tinc entès que fa temps que és al camp, fent no sé què.
DÈMEAS: De debò que és allà?
SIRUS: I tant! Si jo mateix l'hi he acompanyat.
DÈMEAS: Està bé. Em feia por que no estigués rondant per aquí.
SIRUS: I ben enfadat que estava!
DÈMEAS: I per què?

SIRUS: S'ha barallat amb el seu germà, al Fòrum, per culpa de la citarista.

DÈMEAS: De debò?

SIRUS: I tant! I que no s'ha guardat res! Just quan s'estaven pagant els diners, apareix ell, de sobte. I comença a cridar: «Èsquinus, mira que cometre aquesta infàmia!, que permetre't aquestes coses indignes de la nostra família!».

DÈMEAS: Oh! Ploro de joia!

SIRUS: ... «no només són diners el que llences, sinó també la teva vida...».

DÈMEAS: Beneït sigui! És la meva esperança: retira als seus avantpassats.

SIRUS: I tant!

DÈMEAS: Sirus, de consells com aquests en va ple.

SIRUS: Uf! Prou té a casa seva de qui aprendre!

DÈMEAS: Es fa el que es pot. No li deixo passar res; li inculco bons hàbits; per últim, l'exhorto a emmirallar-se en la vida dels altres, com en un mirall, i a prendre'n exemple: «Fes això».

SIRUS: Molt bé!

DÈMEAS: «Evita això».

SIRUS: Això és seny!

DÈMEAS: «Això mereix elogi».

SIRUS: Ben dit!

DÈMEAS: «Allò, càstig».

SIRUS: Excel·lent!

DÈMEAS: I d'altra banda...

SIRUS: *(Interromptent-lo.)* Per Hèrcules que ara no em vaga d'escoltar-te. He trobat la mena de peix que volia: he de vigilar que no se'm faci malbé. Perquè això per a nosaltres,[40] Dèmeas, és una deshonra tan gran com per a vosaltres no fer el que deies fa una estona; i en la mesura que puc dono als companys d'esclavitud lliçons semblants a les teves: «Això és massa salat, això està una mica cremat, això no està prou net; això està bé; recorda-ho per a una altra vegada». Procuro ensenyar-los tot el que puc fin on en sé. I, per acabar, Dèmeas, els exhorto a emmirallar-se en les cassoles, com qui ho fa en un mirall, i els recordo el que cal fer. Prou m'adono que són ximpleries el que fem nosaltres. Però, què hi vols fer? Cadascú és com és. *(Acomiadant-se.)* Vols res més?

DÈMEAS: Que poseu seny.

SIRUS: I ara te'n vas al camp?

DÈMEAS: De dret.

SIRUS: Què hi has de fer aquí, si, quan dónes bons consells, ningú no te'n fa cas? *(Entra a casa.)*

DÈMEAS: *(Sol.)* Sí, me n'aniré d'aquí, ja que la persona per la qual havia vingut se n'ha anat al camp. Tinc cura només d'ell, aquest és el que em toca a mi. Per l'altre que hi miri mon germà, si ho vol així. Però, qui és aquell que veig allà, lluny? No és Hegió, el nostre company de tribu?[41] Si no m'erro, per Hèrcules que és ben bé ell. Oh! Un amic nostre des que érem petits. (Ah, bons déus, que pocs que n'hi ha, de ciutadans així). Una persona

40. S'està referint als esclaus.

41. El terme *tribus* (tribu) és l'equivalent del terme grec *phylé*. Els atenesos estaven repartits en tribus. Els romans també n'estaven i a l'època de Terenci les tribus constituïen la base per al cens i la lleva. Es reunien en comicis o assemblees per a la votació de lleis, l'elecció de magistrats i d'alguns càrrecs sacerdotals, i per a la jurisdicció criminal.

amb el coratge i la lleialtat d'abans! De gent com ell no en pot sortir res de dolent per a la ciutat. Que content que estic quan veig que encara queda gent d'aquesta mena! Ah, encara dóna gust de viure! L'esperaré aquí per saludar-lo i parlar-hi.

Escena IV

Hegió, Dèmeas, Geta (Pàmfila)

HEGIÓ: *(Entrant per l'esquerra amb Geta, sense veure Dèmeas.)* Oh, déus immortals! Quin acte tan infame, Geta! Què m'estàs dient!

GETA: Així és com ha anat.

HEGIÓ: Que d'una família com aquella n'hagi pogut sortir un acte tan baix! Oh, Èsquinus, per Pòl·lux que has comès un acte ben poc digne del teu pare.[42]

HEGIÓ: *(A part.)* És evident que ha sentit la història de la citarista: a un estrany, això li dol; al pare,[43] tant se li'n dóna. Ai de mi! Tant de bo que fos en alguna banda a prop d'aquí i pogués escoltar aquestes paraules!

HEGIÓ: Si no fan el que han de fer, no se'n sortiran així com així.

GETA: Totes les nostres esperances estan posades en tu, Hegió. Només et tenim a tu. Tu ets el nostre protector,

42. Dèmeas.

43. Mició.

tu el nostre pare. A tu ens va confiar el vell[44] quan va morir. Si ens abandones, estem perduts!

HEGIÓ: No diguis aquestes coses: ni ho faré ni m'ho permetria el sentiment del deure.

DÈMEAS: *(A part.)* M'hi acostaré. *(A Hegió.)* Salut, Hegió!

HEGIÓ: Oh, a tu justament et buscava. Salut, Dèmeas!

DÈMEAS: Per què?

HEGIÓ: El teu fill gran, Èsquinus, el que has donat en adopció al teu germà, no s'ha comportat ni com un home honrat ni ben nascut.

DÈMEAS: I doncs, què ha fet?

HEGIÓ: Te'n recordes del nostre amic i company Símul?

DÈMEAS: I tant!

HEGIÓ: Ha violat la seva filla, que era verge.

DÈMEAS: Què?

HEGIÓ: Espera, que encara no has sentit el pitjor, Dèmeas.

DÈMEAS: Encara hi ha alguna cosa més?

HEGIÓ: Molt més! Això, en certa manera, es podria justificar: es va deixar portar per la nit, l'amor, el vi, la joventut: és humà. Quan s'adona del que ha fet, ell mateix, per decisió pròpia, va a trobar la mare de la noia, plorant, pregant, suplicant, donant la paraula i jurant que s'hi casaria. Van perdonar-lo, van callar el fet i hi van confiar. La noia, arran de la violació, ha quedat prenyada (ja està de més de nou mesos!); i el nostre bon home se'ns ha buscat (alabats siguin els déus) una citarista per viure-hi, i a l'altra, l'ha deixat abandonada.

DÈMEAS: Estàs segur del que dius?

44. Símul, marit de Sòstrata i pare de Pàmfila.

HEGIÓ: En poden donar fe la mare de la noia, la noia mateixa, i també el Geta aquest, que per ser esclau, no és ni mala persona ni ruc: ell les alimenta, ell sol manté tota la família. Emporta-te'l, lliga'l i interroga'l.

GETA: Més encara, per Hèrcules, fes-me dir la veritat sota tortura,[45] si creus que no va anar així, Dèmeas. En últim extrem, ell no ho negarà. Porta'l aquí, davant meu.

DÈMEAS: Em fa vergonya. No sé ni què fer ni què contestar-li.

(Pàmfila. Des de dins de la casa). Ai, pobra de mi, em moro de dolor! Juno Lucina,[46] ajuda'm! Salva'm, t'ho suplico!

HEGIÓ: Eh?, digues-me, que va de part?

GETA: Em sembla que sí, Hegió.

HEGIÓ: Aquí tens, Dèmeas, com ella està implorant la vostra ajuda. Allò a què us obliga la força de la llei tant de bo que ho aconsegueixi per les bones. D'entrada demano als déus que tot es resolgui com us correspon. Però si la vostra intenció és una altra, Dèmeas, jo, la defensaré amb totes les meves forces a ella i al difunt. Era parent meu: ens vam criar junts des de petits; sempre vam estar junts, a l'exèrcit i a casa; junts vam suportar una pobresa ben dura. Per això m'hi esforçaré, actuaré i al·legaré els seus drets. En fi, que hi deixaré la vida abans d'abandonar-les. Què hi dius?

45. L'única declaració vàlida per a un esclau és la que es fa sota tortura. Cf. *La sogra* 773; *Formió* 292.

46. Juno, l'esposa de Júpiter, era invocada sovint amb el títol de *Lucina* (deessa de la llum), perquè era considerada una personificació de la lluna. Per la relació que hi havia entre les fases de la lluna i l'embaràs, Juno Lucina era la protectora de les dones embarassades, dels naixements i dels nounats.

DÈMEAS: Aniré a trobar el meu germà, Hegió. Seguiré el consell que ell em doni sobre aquest assumpte. *(Surt per la dreta.)*

HEGIÓ: Però, Dèmeas, procura reflexionar per tu mateix sobre això: com més bé viviu, com més poderosos, rics, afortunats i il·lustres sou, més obligats esteu a ser justos i conèixer el que és just, si voleu ser tinguts per gent honrada.

DÈMEAS: Te'n pots anar. Es farà tot allò que sigui just de fer.

HEGIÓ: És el teu deure *(adreçant-se a Geta)*. Geta, acompanya'm a dins, a casa de Sòstrata. *(Hegió i Geta entren a casa de Sòstrata.)*

DÈMEAS: *(Sol.)* Ja deia jo que passaria això. I encara bo si tot ha acabat aquí! Però ben cert que tota aquesta permissivitat excessiva acabarà portant alguna desgràcia. Aniré a trobar el meu germà per abocar-hi a sobre tota la meva ràbia. *(Surt per la dreta.)*

Escena V
Hegió

HEGIÓ: *(Sortint de casa de Sòstrata, parlant amb els de dins.)* Estigues tranquil·la, Sòstrata, i la teva filla intenta consolar-la tant com puguis. Jo aniré a trobar Mició, si és que és al fòrum, i li explicaré com han anat les coses, punt per punt: si realment està disposat a complir el seu deure, que el compleixi; però si té tota una altra intenció, que m'ho digui perquè sàpiga com més aviat millor què he de fer. *(Surt per la dreta.)*

Acte IV

Escena I

Ctesifó, Sirus

CTESIFÓ: Dius que el pare se n'ha anat al camp?

SIRUS: Sí, ja fa estona.

CTESIFÓ: Segueix, sisplau.

SIRUS: És al mas. Precisament ara me l'imagino fent alguna feina.

CTESIFÓ: Tant de bo, ben cert! Mentre tingui salut, m'agradaria que es cansés tant que no pogués sortir del llit per res durant tres dies seguits.

SIRUS: Així sigui, i, si és possible, encara millor que això.

CTESIFÓ: Sí, perquè em moro de ganes de passar tot el dia d'avui com l'he començat, amb alegria. I aquest mas, si l'avorreixo tant no és per altra cosa sinó perquè és tan a la vora. Perquè si estigués més lluny, la nit l'hi sorprendria abans que pogués tornar cap aquí. Ara, així que veurà que no hi sóc, tornarà cap aquí corrents, prou que ho sé; em preguntarà on he estat: «avui no t'he vist en tot el dia». Què li he de dir?

SIRUS: No se t'acut res?
CTESIFÓ: Res de res.
SIRUS: Això sí que és un problema! No teniu ningú, un client, un amic, un hoste...?
CTESIFÓ: Sí. I després, què?
SIRUS: ... que hàgiu d'atendre?
CTESIFÓ: Sense haver-ho fet? No pot ser.
SIRUS: Sí que pot ser.
CTESIFÓ: De dia. Però si faig nit aquí, quina excusa donaré, Sirus?
SIRUS: Vaja! Com m'agradaria fer favors als amics també de nit. Però tu estigues tranquil. Conec perfectament el tarannà del teu pare. Quan més cremat està, te'l torno més manso que una ovella.
CTESIFÓ: Com?
SIRUS: Li encanta escoltar els teus elogis. Davant d'ell faig de tu un déu; li explico les teves virtuts...
CTESIFÓ: Les meves?
SIRUS: Les teves. A l'home de seguida li cauen llàgrimes d'alegria, com a un nen petit. *(Veient arribar Dèmeas.)* Mira, aquí el tens!
CTESIFÓ: Què passa?
SIRUS: Parlant del llop...[47]
CTESIFÓ: És el meu pare?
SIRUS: El mateix.
CTESIFÓ: Sirus, què fem?
SIRUS: Passa cap a dins, ara mateix; ja veuré què faig.

47. *Lupus in fabula* «com el llop del conte, parlant del llop...». Dit quan es presenta algú de qui es parlava. Cf. Qui del llop parla, prop li ix / Parlau d'un dolent, vet-l'aquí present.

CTESIFÓ: Si de cas pregunta, tu a mi no m'has...[48] sents?
SIRUS: Vols deixar-me en pau? *(Ctesifó entra a casa de Mició.)*

48. Vist.

Escena II

Dèmeas, Ctesifó, Sirus

DÈMEAS: *(Arribant per la dreta, sense veure ningú.)* Sóc un home ben desgraciat: de primer no trobo el meu germà enlloc; i després, tot buscant-lo, he vist un jornaler de la finca que assegura que el meu fill no és al camp. Ja no sé què fer.

CTESIFÓ: *(Xiuxiuejant i traient el cap per la porta de casa.)* Sirus.

SIRUS: Què hi ha?

CTESIFÓ: Em busca a mi?

SIRUS: Sí.

CTESIFÓ: Sóc home mort.

SIRUS: Au vinga, tranquil·litza't.

DÈMEAS: *(Sense adonar-se de la presència dels altres.)* Maleït siga! Què és aquesta desgràcia? No entenc res, llevat que crec que dec haver nascut per aguantar misèries. Sóc el primer de pressentir els nostres mals, el primer en esbrinar-los, el primer també d'anunciar-los. Si passa res, sóc jo l'únic que pateix.

SIRUS: *(A part.)* Em fa riure. Diu que és el primer en assabentar-se de tot i és l'únic que no s'assabenta de res.

DÈMEAS: Ara torno, a veure si casualment ha tornat mon germà.

CTESIFÓ: *(En veu baixa.)* Sirus, sisplau, fes per manera que no se'ns fiqui de dret aquí dins.

SIRUS: Vols callar? Ja me n'encarrego jo.

CTESIFÓ: De cap manera deixaré això a les teves mans, per Hèrcules! Ara mateix me'n vaig a tancar amb ella en alguna habitació: és el més segur. *(Tanca la porta de casa.)*

SIRUS: D'acord. De tota manera intentaré fer-lo fora d'aquí. *(Ctesifó desapareix.)*

DÈMEAS: Però vet aquí el desgraciat d'en Sirus.

SIRUS: *(Cridant, fent veure que no veu Dèmeas.)* Si així van les coses, per Hèrcules, de debò no hi ha ningú que pugui aguantar aquí. El que voldria saber és quants amos tinc. Quina vida tan miserable!

DÈMEAS: *(A part.)* Què rondina aquell? Què vol? Què dius, bon home? Hi ha el meu germà, a casa?

SIRUS: Per què, maleït siga, em dius «bon home»? Sóc home mort.

DÈMEAS: Què et passa?

SIRUS: I m'ho preguntes? Pobre de mi! Ctesifó gairebé ens mata a cops de puny a mi i a la citarista.

DÈMEAS: Eh? Què em dius?

SIRUS: Té, mira com m'ha partit el llavi.

DÈMEAS: I per què?

SIRUS: Diu que la idea de comprar la noia fou meva.

DÈMEAS: No deies, fa poc, que l'havies acompanyat al camp?

SIRUS: Sí, però després ha vingut tot enfollit i no ha tingut pietat de res. No s'ha avergonyit de fuetejar un home vell com jo, ell que no fa pas tant que jo duia en braços quan era així de petitó *(fent el gest corresponent).*

DÈMEAS: Et felicito, Ctesifó, retires al teu pare. Apa, et tinc per un home.

SIRUS: El felicites? *(Amb ironia.)* D'ara endavant, si té seny, bé que haurà de controlar les mans.

DÈMEAS: Molt bé!

SIRUS: Molt bé, i tant! Per haver guanyat una pobra dona i un pobre esclau com jo que no gosava tornar-m'hi. Oh, rebé!

DÈMEAS: No ho podia haver fet millor. Veig que pensa el mateix que jo, que tu ets el cervell de tot aquest afer. Però, hi ha el meu germà, a casa?

SIRUS: No, no hi és.

DÈMEAS: Estic pensant on podré trobar-lo.

SIRUS: Sé on és, però de mi no ho sabràs mai, avui.

DÈMEAS: Eh? Què dius?

SIRUS: Tal com ho sents.

DÈMEAS: *(Alçant el bastó en senyal d'amenaça.)* Mira que no et faci el cervell miques.

SIRUS: És que no sé el nom d'aquell home, però sí el lloc on és.

DÈMEAS: Digues-me, doncs, el lloc.

SIRUS: Saps el pòrtic que hi ha al costat del mercat, baixant per aquí?

DÈMEAS: I com no ho de saber?

SIRUS: Passa'l, i segueix de dret, plaça amunt *(assenyalant una direcció).* Quan hi arribis, hi ha una baixada en direcció cap avall; tira-t'hi de cap. Després, a aquesta mà *(fent el gest corresponent)*, hi ha una capella; allí a prop hi ha un carreró...

DÈMEAS: Quin?

SIRUS: Aquell mateix on hi ha una gran figuera borda.

DÈMEAS: Sé quin és.

SIRUS: Tira per allà.

DÈMEAS: Però aquest carreró no té sortida.

SIRUS: És cert, per Hèrcules. Vaja *(irònicament)*! Sóc ben ruc![49] M'he equivocat. Torna altra vegada al pòrtic; per aquí et queda molt més a prop i no faràs tanta marrada. *(Assenyalant una direcció)*. Coneixes la casa de Cratinus, aquell ric?

DÈMEAS: Sí.

SIRUS: Quan l'hagis passada, gira a l'esquerra, seguint de dret per aquesta plaça; quan hagis arribat al temple de Diana, gira a la dreta; abans d'arribar a la porta de la ciutat, al costat mateix de l'abeurador, hi ha un forneret i davant per davant un taller. És allà.

DÈMEAS: I què hi fa allà?

SIRUS: ... *(Improvisant.)* Hi ha donat a fer uns llitets... d'exterior... amb potes d'alzina.

DÈMEAS: On poder traguejar. Molt bé! Però què espero a anar-lo a trobar? *(Surt per l'esquerra.)*

SIRUS: Vinga, vés-te'n. Ja et faré trotar avui, com t'ho mereixes, vell decrèpit.[50]

49. Literalment: «creus que sóc un home?»; en aquest context creiem que «home» té el sentit de «ser racional».

50. Segons explica Donat, *silicernium* és «el sopar que s'ofereix als déus Manes, sopar de funerals» i aquí, per metonímia, s'aplica al vell Dèmeas.

El pesat d'Èsquinus triga massa; el menjar s'està fent malbé. I pel que fa a Ctesifó, tot ell està en mans de l'amor. Ara he de mirar per mi. Me n'aniré a casa, agafaré el més bo que trobi i, xarrupant a poc a poc unes copes de vi, faré allargar el dia. *(Entra a casa de Mició.)*

Escena III

Mició, Hegió

MICIÓ: Jo, en aquest assumpte, no trobo cap motiu per rebre tants elogis, Hegió. Compleixo el meu deure, intento reparar el dany que hem provocat. A menys que m'hagis pres per una d'aquelles persones que creuen que se'ls fa una ofensa si els en retreus una que ells mateixos han fet, i a sobre són ells qui t'acusen.[51] I perquè no m'he comportat així em dónes les gràcies?

HEGIÓ: Oh, de cap manera. Mai no m'ha passat pel cap que fossis diferent de com ets. Però et prego, Mició, que m'acompanyis a veure la mare de la noia, i li diguis personalment les mateixes coses que m'has dit a mi: que el malentès ha estat provocat pel seu germà i la citarista.

MICIÓ: Si així ho consideres just i així s'ha de fer, anem-hi.

HEGIÓ: Fas bé; perquè a ella li llevaràs el patiment de sobre, consumida de pena i de dolor com està, i tu hauràs complert el teu deure. Però si no et sembla bé, jo mateix li explicaré el que m'has dit.

51. Sembla una al·lusió encoberta al cas de Lusci Lanuví i Terenci.

MICIÓ: No, no, hi aniré jo mateix.
HEGIÓ: Fas bé. Tots aquells que tenen menys sort són, no sé per què, més desconfiats; tendeixen a prendre-s'ho tot com una ofensa; a causa de la inferioritat, sempre creuen que se'ls deixa de banda. Per això serà més efectiu si tu mateix li demanes disculpes cara a cara.
MICIÓ: Tens raó i dius la veritat.
HEGIÓ: Segueix-me, doncs, cap a dins.
MICIÓ: Amb molt de gust. *(Entren a casa de Sòstrata.)*

Escena IV
Èsquinus

ÈSQUINUS:[52] *(Entra per la dreta.)* Estic ben desesperat: caure'm al damunt, de cop i volta, una desgràcia tan gran que no sé pas què fer de mi mateix ni com actuar! Tinc els membres aflaquits per l'angoixa; la por m'ha fet adormit la ment; cap decisió no aconsegueix arrelar en el meu cap. Ai! Com m'ho faré per sortir d'aquest embolic? És tan gran la sospita que ara pesa sobre meu! I no pas sense fonament; Sòstrata creu que m'he comprat aquesta citarista per a mi. Així m'ho ha donat a entendre la vella.[53] En efecte, s'esqueia que l'enviaven a buscar la llevadora, quan l'he vista. Jo que sí que m'hi acosto, li pregunto com està Pàmfila, si ja va de part, i si per això l'envien a buscar la llevadora. Ella es posa a cridar: «Vés-te'n, vés-te'n ja, Èsquinus, ja prou que ens has ensarronat, ja prou fins ara ens han enganyat les te-

52. Els versos 610-617 són un dels tres exemples de càntics pròpiament dits que es troben a les comèdies de Terenci.

53. Càntara.

ves promeses!». «Eh? Em pots dir què significa això», li dic. «Adéu, queda't amb la que t'agrada». De seguida vaig entendre la sospita que tenien, però, tot i així, em vaig guardar de dir res sobre el meu germà a aquella bocamolla, que no ho esbombés. I arà què he de fer? Dir que la citarista és del meu germà? Això no convé gens que se sàpiga enlloc. Però deixem-ho. És possible que el fet no surti per cap banda. El que temo és que no em creguin. Hi ha tantes coses que semblen veritat!: sóc jo en persona qui l'ha raptada, jo qui ha pagat els diners, és a casa meva on l'han portada. I reconec que tot això s'esdevé precisament per culpa meva. Mira que no haver-ho dit tot al pare, tant se val com hagués anat! Hauria aconseguit el seu permís per casar-m'hi. Fins ara no he fet altra cosa que perdre el temps. Desperta d'una vegada, Èsquinus! Ara el primer que faré serà anar a casa d'elles a disculpar-me. M'acostaré a la porta. Estic perdut! Tremolo cada vegada que em disposo a trucar-hi, pobre de mi. *(Truca.)* Ei!, Ei!, sóc jo, Èsquinus. Que algú m'obri aviat la porta! No sé qui surt. Em retiraré cap a aquesta banda.

Escena V

Mició, Èsquinus

MICIÓ: *(Surt de casa de Sòstrata i parla de cara a dins.)* Feu com t'he dit, Sòstrata. Jo aniré a trobar Èsquinus perquè sàpiga com hem arreglat tot això. Però, qui ha trucat a la porta?

ÈSQUINUS: Per Hèrcules que és el pare! Sóc home mort!

MICIÓ: Èsquinus!

ÈSQUINUS: *(A part.)* Que hi fa aquest aquí?

MICIÓ: Ets tu el que ha picat aquesta porta? *(A part.)* (No diu res. I si me'l rifo una estona? S'ho ben mereixeria, per no haver-me volgut confiar això). *(En veu alta. A Èsquinus.)* No dius res?

ÈSQUINUS: *(Responent la primera pregunta.)* No... aquesta no, que jo sàpiga.

MICIÓ: Ah no? En efecte, em preguntava què hi feies aqui. *(A part.)* (S'ha posat vermell, bon senyal).

ÈSQUINUS: Sisplau, pare, digues-me: què hi fas aquí?

MICIÓ: Jo, res. Un amic m'ha fet venir del fòrum cap aquí, fa una estona, perquè li fes d'assessor.[54]

54. En els assumptes més greus, en els pleits, els antics solien convidar

ÈSQUINUS: En què?

MICIÓ: T'ho explicaré: en aquesta casa, hi viuen unes pobres dones *(amb sorna)*. Em sembla que no les coneixes. Més encara, n'estic segur perquè no fa gaire que s'hi han mudat.

ÈSQUINUS: I què més?

MICIÓ: Es tracta d'una noia i la seva mare.

ÈSQUINUS: Continua.

MICIÓ: Aquesta noia és òrfena de pare i aquest amic meu és el seu parent més proper. Les lleis l'obliguen a casar-s'hi.[55]

ÈSQUINUS: Estic perdut!

MICIÓ: Què dius?

ÈSQUINUS: Res. Està bé. Continua.

MICIÓ: Ha vingut per endur-se-la perquè viu a Milet.

ÈSQUINUS: Com? Per endur-se la noia?

MICIÓ: Sí, tal com ho sents.

ÈSQUINUS: Com? Fins a Milet?

MICIÓ: Sí.

ÈSQUINUS: *(A part.)* Em desmaio. *(A Mició.)* I elles, què hi diuen?

MICIÓ: Què vols que hi diguin? Res, naturalment. La mare s'ha inventat la història que hi ha un nen, fill d'un altre home, no sé qui, no en diu el nom; que aquell és primer i que no convé casar-la amb aquest altre.

ÈSQUINUS: Ai, i després d'això, no et sembla just el que ella diu?

---

amics o persones versades en dret o simplemente influents perquè actuessin d'assessors.

55. Cf. *Formió*, 125-126.

MICIÓ: No.

ÈSQUINUS: Com que no? *(quasi plorant)*. I se l'emportarà d'aquí, pare?

MICIÓ: I per què no se l'hauria d'emportar?

ÈSQUINUS: Heu actuat, pare, amb duresa i sense pietat i més encara, de manera poc humana, si és que se'm permet la franquesa.

MICIÓ: Per què?

ÈSQUINUS: I m'ho preguntes? Quin estat d'ànim creieu que tindrà el pobre que hi ha tingut primer relacions, l'infeliç que potser encara ara en segueix bojament enamorat, quan vegi que la hi prenen en presència seva, que se l'emporten davant dels seus ulls? És indignant, pare!

MICIÓ: I això, per què? Qui la hi va prometre? Qui la hi va donar? Quan s'hi va casar? Qui va ratificar el contracte? Per què va casar-se amb una forastera?

ÈSQUINUS: Que potser s'havia de quedar a casa, asseguadeta, una noia ja granada, esperant que vingués per aquí el seu parent? Això, pare meu, és el que era just que diguessis i que defensessis.

MICIÓ: És absurd! Havia de parlar en contra de qui he vingut a defensar? Però, Èsquinus, què ens importa a nosaltres això? Què hi tenim a veure nosaltres amb elles? Anem-nos-en. *(Èsquinus es posa a plorar.)* Què tens? Per què plores?

ÈSQUINUS: Pare, sisplau, escolta'm.

MICIÓ: Èsquinus, ho he sentit tot i ho sé tot; perquè t'estimo em preocupa, i molt, el que fas.

ÈSQUINUS: Tan cert com que voldria fer mèrits perquè m'estimessis mentre visquessis, pare meu, és que em pesa de tot cor el fet d'haver comès aquesta falta i em fa vergonya estar davant teu.

MICIÓ: Ho crec, per Hèrcules, conec prou bé el teu caràcter noble. Només em fa por que siguis una mica massa immadur. Però, a quin país et penses que vius? Has violat una noia verge, que no tenies dret a tocar. Aquesta ja és una primera falta, greu, sens dubte, però tanmateix humana. Sovint l'han comès d'altres, tan bones persones com tu. Però un cop la cosa va haver passat, digues-me, vas mirar bé el que havies fet? Et vas parar a reflexionar el que s'havia de fer i com s'havia de fer? Si a tu mateix et feia vergonya parlar-me'n, com volies que jo ho arribés a saber? Mentre dubtes, ja han passat deu mesos. T'has traït a tu mateix, has traït aquella pobra noia i el teu fill, en el que de tu depenia. Què, doncs? Et pensaves que els déus t'arreglarien les coses mentre dormies? I que sense tu ajudar-hi te la portarien a casa, a la teva cambra? No m'agradaria que fossis tan deixat per les altres coses. Estigues tranquil. T'hi casaràs.

ÈSQUINUS: Què?

MICIÓ: Estigues tranquil, et dic.

ÈSQUINUS: Pare, sisplau, que et rius de mi?

MICIÓ: Jo, de tu? Per què?

ÈSQUINUS: No ho sé. Com que desitjo tant que això sigui així, per això tinc més por.

MICIÓ: Vés-te'n a casa i suplica els déus perquè puguis anar a cercar la teva dona. Vés.

ÈSQUINUS: Ja? La meva dona?

MICIÓ: Sí.

ÈSQUINUS: *(Amb entusiasme.)* Ja?

MICIÓ: Sí, i ben de pressa.

ÈSQUINUS: Pare, que tots els déus em maleeixin si jo no t'estimo ara més que els meus ulls!

MICIÓ: Què? *(amb murrieria)* Més que a ella?

ÈSQUINUS: Igual.

MICIÓ: Ets un sol.

ÈSQUINUS: I què? On és el teu amic de Milet?

MICIÓ: Ha desaparegut; se n'ha anat; ha embarcat. I a què esperes?

ÈSQUINUS: Vés, pare, més val que als déus els supliquis tu, que prou sé del cert que, com que ets millor que no pas jo, et faran més cas a tu.

MICIÓ: Jo me'n vaig a dins a preparar tot el que cal: tu, si ets llest, fes com t'he dit. *(Entra a casa.)*

ÈSQUINUS: *(Sol)*. Què passa aquí? Això és ser pare o això és ser fill? Si fos un germà o un amic, què més podria fer per satisfer-me? Un home així, no l'he d'estimar, no l'he de portar aquí, dins del meu cor *(fa el gest)*? Ai! Així, amb la seva bondat, m'inspira un neguit tan gran de no fer, per atzar, sense adonar-me'n, alguna cosa que no li agradi: que el que és a consciència, ja me'n guardaré prou. Però per què no entro d'una vegada per evitar que les noces s'endarrereixin per culpa meva? *(Entra a casa.)*

Escena VI
Dèmeas

DÈMEAS: *(Entra per l'esquerra, esbufegant.)* Estic rebentat de caminar. Sirus, tant de bo que et perdi el gran Júpiter a tu i a les teves indicacions! M'he arrossegat per tota la ciutat: fins a la porta, fins a l'abeurador, on no he anat? Allí ni hi havia cap taller ni ningú que em digués que havia vist el meu germà. Ara estic decidit a muntar guàrdia davant de casa seva fins que torni.

Escena VII

Minció, Dèmeas

MICIÓ: *(Surt de casa i s'adreça al seu fill.)* Me'n vaig. Els diré[56] que per part nostra no hi haurà cap retard.

DÈMEAS: *(A part.)* Però, vet-lo aquí, ell, en persona. Porto una bona estona buscant-te, Mició.

MICIÓ: Per què?

DÈMEAS: Et porto escàndols ben grossos d'aquell perla de noi.

MICIÓ: *(A part.)* Ja hi som!

DÈMEAS: Frescos! I gravíssims!

MICIÓ: Vaja, vaja.

DÈMEAS: Oh, no saps quina mena d'home és.

MICIÓ: I tant que ho sé.

DÈMEAS: Ai, ximplet, t'imagines que estic parlant de la citarista. La víctima d'aquesta nova malifeta és una noia, ciutadana d'Atenes.

MICIÓ: Ho sé.

DÈMEAS: *(Enfurismat.)* Oh! Ho saps i li ho permets?

56. A Sòstrata i a la seva filla.

MICIÓ: I per què no ho hauria de fer?

DÈMEAS: Digues-me, i no et poses a cridar? No et treu de polleguera?

MICIÓ: No; certament que m'estimaria més...[57]

DÈMEAS: Però ha nascut un nen.

MICIÓ: Que els déus el beneeixin!

DÈMEAS: La noia no té res!

MICIÓ: Així ho he sentit dir.

DÈMEAS: I s'hi haurà de casar sense dot!

MICIÓ: Evidentment.

DÈMEAS: I què passarà ara?

MICIÓ: Doncs el que es fa en aquests casos: la noia es traslladarà d'allà cap aquí *(Assenyalant primer la casa de Sòstrata i després la pròpia).*

DÈMEAS: *(Alçant les mans cap al cel).* Oh Júpiter! És així com cal actuar?

MICIÓ: Què vols que faci més?

DÈMEAS: Que què has de fer? Si de debò això no et dol, almenys fes-ho veure: és més digne d'un home.

MICIÓ: Ja tinc promesa la noia!; la cosa està arreglada; se celebren les noces; els he dissipat totes les pors; això sí que és digne d'un home.

DÈMEAS: Sigui com sigui, t'està bé això que ha fet?

MICIÓ: No, si pogués canviar-ho. Ara bé, com que no puc, intento portar-ho amb serenitat. La vida de l'home és com un joc de daus: si en llançar-los no surt el que més et convé, el que t'ha sortit per atzar ho has de corregir amb traça.

DÈMEAS: Quin corrector que estàs fet! És clar: amb la teva

57. Podem deduir el que seguiria: «que no hagués passat».

traça ja s'han perdut les vint mines pagades per la citarista, de la qual cal desfer-se ben de pressa, aquí o allà, venent-la o, si no es pot, regalant-la.

MICIÓ: Ni me n'he de desfer ni, per descomptat, tinc cap intenció de vendre-la.

DÈMEAS: I què en faràs, doncs?

MICIÓ: Es quedarà a casa.

DÈMEAS: En nom dels déus! Una prostituta i una mare de família a la mateixa casa?[58]

MICIÓ: I per què no?

DÈMEAS: Tu estàs bé del cap?

MICIÓ: Em penso que sí.

DÈMEAS: Que els déus m'ajudin! Estúpid com ets, crec que ho vols fer per tenir algú amb qui cantar.[59]

MICIÓ: I per què no?

DÈMEAS: I la núvia també n'aprendrà?

MICIÓ: És clar que sí.

DÈMEAS: I tu ballaràs entre totes dues estirant la corda?[60]

MICIÓ: I tant!

DÈMEAS: I tant?

MICIÓ: I, si fa falta, tu ens hi acompanyaràs.

DÈMEAS: Ai de mi! No et fa vergonya tot això?

MICIÓ: Ara, Dèmeas, deixa ja aquesta teva ira, i tal com

58. Per a la mentalitat atenesa era un escàndol que una dona honrada pogués compartir casa amb una prostituta.

59. Llenguatge irònic per als romans; cantar i ballar eren coses inconcebibles en un ciutadà romà.

60. No està clar a quin tipus de dansa s'està referint Terenci. És possible que fos una dansa en què les ballarines es movien agafades a una corda, seguint el ritme marcat per qui dirigia el ball. Cf. Livi, XXVII, 37, 14. El sentit eròtic de l'expressió és evident.

escau en les noces del teu fill, estigues alegre i content. Jo vaig a trobar aquesta gent *(assenyalant la casa de Sòstrata)*, i després torno cap aquí.

DÈMEAS: Oh Júpiter! Quina vida aquesta! Quins costums aquests! Quina bogeria aquesta! Vindrà una esposa sense dot; a dins hi ha una citarista; una casa on es llencen els diners; un noi perdut pels vicis; un vell que desvarieja. Si ho volgués ni la Salvació[61] en persona podria salvar una família com aquesta.

61. *Salus* és la personificació de la salvació. L'any 307 aC se li va dedicar un temple al turó del Quirinal. Quan a Roma es va introduir el culte a Esculapi, se la va identificar amb la Higia grega i adquirí en el seu significat el concepte predominant de salut corporal.

Acte V

Escena I

Sirus, Dèmeas

SIRUS: *(Surt de casa, força begut, sense veure Dèmeas.)* Per Pòl·lux, Siretó, que t'has tractat regaladament i que has complert el teu deure de manera brillant![62] Te'n pots anar. Però ara que a dins ja m'he atipat de tot, em ve de gust sortir a passejar per aquí fora.

DÈMEAS: *(A part.)* Mireu-lo, sisplau: tot un exemple de disciplina!

SIRUS: *(Veient Dèmeas.)* Vet-lo aquí el nostre vell. *(A Dèmeas.)* Què hi ha? Per què estàs tan enfadat?

DÈMEAS: Ai, tros de criminal!

SIRUS: Bé, ja n'hi ha prou! Has vingut fins aquí per donar lliçons, tu, el Seny en persona?[63]

DÈMEAS: Si tu fossis meu...!

SIRUS: Sens dubte series ric, Dèmeas, i consolidaries la teva fortuna.

62. Sirus s'està referint a l'obligació gastronòmica que es va imposar en els versos 590-591.

63. Sirus ja l'havia definit així al vers 394.

DÈMEAS: Faria per manera que fossis un exemple per a tothom.

SIRUS: Per què? Què he fet?

DÈMEAS: I m'ho preguntes? Enmig d'aquest desgràcia, i davant d'una falta gravíssima que amb prou feines ha estat reparada, vosaltres, maleït siguis, heu estat bevent, com si es tractés d'una bella gesta.

SIRUS: *(A part.)* Tant de bo no hagués sortit de casa!

Escena II

Dromó, Sirus, Dèmeas

DROMÓ: *(Sortint de casa de Micció, sense veure Dèmeas.)* Ep, Sirus! Ctesifó et demana que tornis.

SIRUS: Vés-te'n.

DÈMEAS: Què diu aquest de Ctesifó?

SIRUS: Res.

DÈMEAS: Escolta'm, carn de forca, Ctesifó és dins?

SIRUS: No, no hi és.

DÈMEAS: I com és que aquest crida el seu nom?

SIRUS: És un altre, un parasitot petitó; no el coneixes?

DÈMEAS: Aviat ho sabré.

SIRUS: Què fas? On vas? *(Retenint-lo.)*

DÈMEAS: Deixa'm estar.

SIRUS: No ho vull, et dic.

DÈMEAS: No pots tenir les mans quietes, sac de cops? O t'estimes més que et faci esquitxar el cervell per terra? *(Dèmeas aconsegueix entrar a casa de Mició.)*

SIRUS: Se n'ha anat. Per Pòl·lux!, quin convidat tan poc

agradable, sobretot per a Ctesifó! I què he de fer jo ara? I si, mentre es calma aquest desori, em retiro a un racó per dormir-hi la mona? Així ho faré. *(Entra a casa de Mició.)*

Escena III
Mició, Dèmeas

MICIÓ: *(Sortint de casa de Sòstrata i parlant als de dins.)* Per part nostra, Sòstrata, tot està a punt, tal com t'he dit. Quan vulguis... Qui ha picat a la porta tan fort?

DÈMEAS: *(Sortint de casa de Mició.)* Ai de mi! Què puc fer? Què haig de fer? De què m'exclamaré o em lamentaré? Oh cel, oh terra, o mars de Neptú!

MICIÓ: *(A si mateix.)* Té! S'ha assabentat de tot i per això crida: s'ha acabat. La brega està assegurada i s'hi ha de posar remei.

DÈMEAS: Vet-lo aquí, aquí el tinc, el corruptor comú dels nostres fills.

MICIÓ: Reprimeix ja el teu mal geni i torna en tu.

DÈMEAS: Ja l'he reprimit, ja he tornat en mi, i deixo córrer totes les males paraules: examinem els fets tal com són. No vam acordar —la cosa va sortir precisament de tu— que tu no et preocuparies del meu fill[64] ni jo del teu? Contesta.

64. Cf. vv. 129 i següents i 436 i següents.

MICIÓ: És cert, no ho nego pas.

DÈMEAS: I per què, doncs, està bevent a casa teva? Per què aculls el meu fill? Per què li compres una amiga, Micić? És just que jo tingui menys drets que tu? Què hi tinc a veure jo amb tu? Ja que jo no em fico amb el teu, tampoc tu no et fiquis amb el meu.

MICIÓ: No és just el que dius.

DÈMEAS: No?

MICIÓ: En efecte, hi ha una dita antiga que diu que «entre amics tot és de tots».[65]

DÈMEAS: Que bona! L'acabes de descobrir?

MICIÓ: Escolta'm un moment, si no et sap greu, Dèmeas. En primer lloc, si el que et cou són les despeses que fan els fills, et prego que reflexionis sobre això: abans els mantenies tots dos, segons les teves possibilitats, perquè et pensaves que els teus béns bastarien per a tots dos, i aleshores creies, com és natural, que jo m'acabaria casant. Doncs segueix fent el mateix càlcul d'aleshores: guarda, guanya, estalvia, fes per manera de deixar-los com més diners millor; queda't tu aquesta glòria. Dels meus béns, que els han caigut del cel sense esperar-s'ho, deixa que en gaudeixin. El teu capital no patirà cap minva. El que s'hi afegeixi de meu, considera-ho un guany. Si vols reflexionar bé tot això dintre teu, Dèmeas, ens trauràs un gran pes de sobre a mi, a tu i a ells.

DÈMEAS: Deixem estar els diners; però la conducta de tots dos...

MICIÓ: Espera; ja ho sé; ara hi volia anar a parar. Dèmeas,

65. Aquesta dita apareix també, citada en grec, en Marcial (II, 43, 1 i 16) i, en llatí, en Ciceró, *De officiis* I, 16, 51.

hi ha molts senyals en l'home, dels quals es poden treure conclusions fàcilment, de manera que, davant dues persones que fan el mateix, sovint pots dir: «aquest pot permetre's el luxe de fer tal cosa sense càstig, aquell altre no pot». No pas perquè el fet sigui diferent, sinó perquè ho és qui l'executa. I aquests indicis jo els veig en ells, per confiar que arribin a ser tal com nosaltres els volem. Veig que són assenyats, intel·ligents, respectuosos quan cal, que s'estimen; és fàcil adonar-se que tenen un caràcter i un cor nobles. Els podràs redreçar el dia que vulguis. Podries témer, naturalment, que fossin una mica despreocupats en qüestió de diners. Oh Dèmeas meu! Per a tota la resta amb l'edat posem més seny. Aquest és l'únic defecte que la vellesa ens porta als homes, que tots ens aferrem als diners més del que convé; prou que en això els espavilarà l'edat.

DÈMEAS: Tant de bo que aquestes teves bones raons, Mició, i aquesta teva serenitat no ens ho capgirin tot!

MICIÓ: Calla; no passarà res. I deixa ja aquests pensaments; almenys avui fes-me cas i no arrufis el nas.

DÈMEAS: És clar, la situació ho exigeix, ho hauré de fer; però jo, demà, a trenc d'alba, me'n tornaré cap al camp amb el meu fill.

MICIÓ: O de nit, d'acord. Però almenys avui procura estar de bon humor.

DÈMEAS: I m'hi emportaré aquesta citarista.

MICIÓ: Hauràs guanyat la partida: així sí que hi tindràs lligat el teu fill definitivament. Fes per manera de conservar-la, a ella.

DÈMEAS: D'això ja me n'encarregaré jo, i faré que a còpia de cuinar i de moldre vagi sempre plena de cendres, de fum i de farina; i, a més d'això, a ple sol de migdia, l'obligaré a arreplegar palla i la faré tornar més torrada i més negra que el carbó.

MICIÓ: M'agrada. Ara sí que em sembles assenyat *(amb ironia)*. I jo, en el teu lloc, al teu fill, encara que no ho volgués, l'obligaria a anar-se'n al llit amb ella.

DÈMEAS: Que fas broma? Feliç tu que tens aquest caràcter! Però jo crec...

MICIÓ: Ai, ja hi tornes?

DÈMEAS: Ja està, ja ho deixo.

MICIÓ: Entra, doncs, cap a dins i passem com cal aquest dia de festa. *(Entra a casa seva.)*

Escena IV
Dèmeas

DÈMEAS: *(Sol.)* Mai ningú no ha programat la seva pròpia vida amb tanta precisió que els esdeveniments, els anys, l'experiència no li aportessin cap novetat, no li ensenyessin alguna cosa, de manera que ja no saps el que creies saber, i els principis que consideraves fonamentals, amb l'experiència els refuses. Això és el que ara em passa a mi. Car jo que he portat una vida dura fins aquí, ara, que estic arribant ja gairebé al final de la meva carrera, l'abandono. I per què? Pels fets he descobert que no hi ha res millor per als homes que la tolerància i l'amabilitat. Que això és cert qualsevol pot adonar-se'n fàcilment per mi i pel meu germà. Ell sempre ha portat una vida regalada, de convits, amable, plàcida, sense fer mal a ningú i somrient a tothom; ha viscut com ha volgut, ha gastat el que ha volgut: tots en parlen bé, se l'estimen. Jo alarb, malcarat, sorrut, garrepa, ferotge, tossut, em vaig casar. En quines misèries m'he vist! Vaig tenir fills. Un altre maldecap. Què hi farem! Mentre m'afanyava a donar-los tot el que podia, hi he deixat la vida i els anys. Ara, a les acaballes de la vida, el fruit que rebo d'ells pels meus esforços és que m'odiïn. L'altre, en canvi, sense esforç, gaudeix dels avantatges de ser pare. A ell l'adoren; a mi m'eviten. A ell li confien tots els seus plans, l'estimen, tots dos són a casa d'ell; a mi m'han abandonat. Preguen perquè ell visqui; a mi, en canvi, no cal dir-ho, esperen veure'm mort. Així és com els qui jo he pujat amb gran esforç ell se'ls fa seus gastant-hi ben poc: jo arreplego tota la misèria; ell s'endú les alegries. Vinga, vinga! Provem ara a veure si jo sóc capaç de parlar amb suavitat i actuar amb generositat, ja que ell m'hi provoca. També jo pretenc que els meus m'estimin i em facin cas. Si això s'aconsegueix amb dons i complaences, no em quedaré enrere. Em faltaran diners? A mi, que sóc el més vell, tant se me'n dóna.

Escena V

Sirus, Dèmeas

SIRUS: *(Sortint de casa de Mició.)* Ei, Dèmeas! El teu germà demana que no te'n vagis gaire lluny.

DÈMEAS: Qui demana? Oh, el nostre Sirus, salut! Com anem? Què fas?

SIRUS: Bé.

DÈMEAS: Me n'alegro. *(A part.)* Per començar ja he afegit aquestes tres coses, ben poc pròpies del meu tarannà: «Oh, el nostre... Com anem? Què fas?». *(A Sirus.)* Per ser un esclau, et comportes prou bé i m'encantaria fer-te algun favor.

SIRUS: *(Incrèdul.)* T'ho agraeixo.

DÈMEAS: T'asseguro, Sirus, que és veritat i que aviat tindràs ocasió de comprovar-ho.

Escena VI

Geta, Dèmeas (Sirus)

GETA: *(Sortint de casa de Sòstrata i parlant als de dins.)* Mestressa, me'n vaig a veure a casa d'aquesta gent,[66] si aviat vindran a buscar la noia. Però vet aquí, Dèmeas. Sigues benvingut!

DÈMEAS: Oh...! Com et dius?

GETA: Geta.

DÈMEAS: Geta, avui he pogut constatar que ets un persona de gran valor. En efecte, per a mi és un esclau d'allò més responsable el que mira pel seu amo, com t'he vist fer a tu, Geta. I per això, si arriba el cas, m'agradaria fer-te un favor. *(A part.)* Provo de ser amable i em surt bé.

GETA: Ets molt bo de pensar així.

DÈMEAS: De mica en mica començo a guanyar-me la gent.

66. S'està referint a Mició i Èsquinus.

Escena VII

Èsquinus, Dèmeas, Sirus, Geta

ÈSQUINUS: *(Sortint de casa de Mició i sense veure ningú.)* Em maten amb aquesta mania de voler organitzar un casament massa solemne. Perden tot el dia en preparatius.

DÈMEAS: Què passa, Èsquinus?

ÈSQUINUS: Oh, pare meu, eres aquí?

DÈMEAS: Si, el teu pare, per Hèrcules, pare de cos i ànima, un pare que t'estima més que els seus ulls. Però, per què no vas a buscar la teva dona i la portes a casa?

ÈSQUINUS: Ja m'agradaria ja, però estic entretingut per la flautista i els qui han de cantar l'himeneu.[67]

DÈMEAS: Ep!, vols fer el favor d'escoltar aquest vell?

ÈSQUINUS: Què?

DÈMEAS: Engega tot això a rodar: l'himeneu, la comitiva,[68] les torxes, les flautistes i ordena que enderroquin com

67. És a dir, el cant nupcial que s'entonava per acompanyar la núvia des de la casa paterna fins a la casa del nuvi.

68. El seguici que acompanyava la núvia fins a casa del marit.

més aviat millor la tàpia de l'hort; fes-la passar per aquí, fes de les dues cases una de sola i porta la mare i la família sencera a casa nostra.

ÈSQUINUS: És una bona idea, pare. Com t'estimo!

DÈMEAS: *(A part)*. (Visca! Ja em diuen estimat. La casa del meu germà estarà sempre oberta, hi convidarà un munt de gent, i gastarà una fortuna; i a mi, què? Jo, un encant, em faig estimar. I ara fes que aquell babiloni[69] li pagui vint mines!). Sirus, a què esperes a anar-hi i fer-ho?

SIRUS: Què he de fer?

DÈMEAS: Enderroca la tàpia. *(A Geta.)* Tu, vés-te-n'hi i porta les dones.

GETA: Que els déus et beneeixin, Dèmeas, per veure't tan ben disposat a tractar la gent de casa.

DÈMEAS: Crec que ho mereixeu. *(A Èsquinus.)* I tu, què hi dius?

ÈSQUINUS: Hi estic totalment t'acord.

DÈMEAS: Molt millor que no pas fer venir ara la partera pel carrer, flaca com està.

ÈSQUINUS: De debò que no podies tenir una idea millor, pare meu.

DÈMEAS: Sempre actuo així. Però vet aquí que Mició surt aquí fora.

69. Dèmeas es refereix a Micció, en qui vol veure un exponent del luxe i la dissipació atribuïts proverbialment als babilonis.

Escena VIII

Mició, Dèmeas, Èsquinus

MICIÓ: *(Adreçant-se a Sirus que és a dins de casa.)* Ho mana el meu germà? On és? *(Veient Dèmeas.)* Ets tu el que ho ha manat, Dèmeas?

DÈMEAS: Sí, sóc jo qui ordeno que en això i en tota la resta formem com més aviat millor una sola família: que la mimem, que l'ajudem i que l'unim.

ÈSQUINUS: Sí, pare, t'ho prego!

MICIÓ: No desitjo una altra cosa.

DÈMEAS: Més ben dit, per Hèrcules, és el que ens toca. De primer la dona d'Èsquinus té una mare...

MICIÓ: Sí, i què?

DÈMEAS: ... honrada i virtuosa.

MICIÓ: Això diuen.

DÈMEAS: ... ja grandeta...

MICIÓ: Sí, ho sé.

DÈMEAS: Ja fa temps que per edat no pot tenir fills. I no té ningú que miri per ella. Està sola...

MICIÓ: *(A part.)* En què pensa aquest home?

DÈMEAS: Estaria bé que t'hi casessis, i tu (*a Èsquinus)* m'hi ajudessis.

MICIÓ: Jo, casar-m'hi?
DÈMEAS: Sí, tu.
MICIÓ: Jo?
DÈMEAS: Tu, et dic.
MICIÓ: Estàs boig!
DÈMEAS: *(A Èsquinus.)* Si tu fossis home,[70] ho faria.
ÈSQUINUS: Pare meu!
MICIÓ: Per què li fas cas, tros d'ase?
DÈMEAS: Res a fer, no pot ser d'altra manera.
MICIÓ: Desvarieges!
ÈSQUINUS: Deixa't convèncer, pare meu!
MICIÓ: T'has tornat boig. Deixa'm estar!
DÈMEAS: Apa, dóna aquest gust al teu fill.
MICIÓ: Que t'has begut l'enteniment? Convertir-me en nuvi, ara, a seixanta-cinc anys i casar-me una vella decrèpita? Això és el que voleu per a mi?
ÈSQUINUS: Fes-ho; els ho he promès.[71]
MICIÓ: Que els ho has promès? Sigues generós amb el que és teu, noi!
DÈMEAS: Vinga! I si et demanés un favor més gran?
MICIÓ: Com si aquest no fos ja el més gran.
DÈMEAS: Vinga, fes-lo content.
ÈSQUINUS: No et facis pregar!
DÈMEAS: Fes-ho, promet-ho!
MICIÓ: No em deixareu en pau?
ÈSQUINUS: No, si no et deixes convèncer.
MICIÓ: D'això se'n diu violència.

70. Mició diu el mateix a Dèmeas en el v. 107.

71. En realitat, Èsquinus està mentint; enlloc no es fa referència a aquesta promesa.

DÈMEAS: Vinga, sigues generós, Mició.

MICIÓ: Tot i que em sembla una cosa desassenyada, insensata, absurda i estranya a la meva manera de viure, ja que en teniu tantes ganes, es farà.

ÈSQUINUS: Faràs bé. Com t'estimo!

DÈMEAS: Però... *(A part.)* (I què puc dir ara que veig que compleix el que vull?).

MICIÓ: Què falta, ara?

DÈMEAS: Hegió, que és el parent més proper que tenen i ara també nostre, és pobre. Caldria fer alguna cosa per a ell.

MICIÓ: Fer què?

DÈMEAS: Aquí, als afores de la ciutat, tens un trosset de terra que sols llogar a desconeguts. Donem-l'hi, que en tregui profit!

MICIÓ: De manera que «un trosset de terra»?

DÈMEAS: Encara que sigui gran, tanmateix s'ha de fer. És com un pare per a Pàmfila, és bo, és parent nostre, estarà ben donat. I després de tot, no m'estic fent meva, Mició, aquella sentència que has dit no fas pas gaire estona[72] amb tant d'encert i seny: «És un defecte comú a tots els homes, que a la nostra vellor, fem massa cas dels diners»? Cal que fugim d'aquesta tara; és una bona dita i cal posar-la en pràctica.

MICIÓ: Me n'alegro. Què li he dit? Se li donarà si és el que vol aquest.

ÈSQUINUS: Pare meu!

DÈMEAS: Ara sí que ets el meu germà, en cos i d'ànima.[73] *(A part.)* El degollo amb la seva pròpia espasa.

72. Cf. versos 833-834.

73. Al·lusió a paraules pronunciades anteriorment, cf. versos 126 i 902.

Escena IX

Sirus, Dèmeas, Mició. Èsquinus

SIRUS: *(Sortint de casa de Mició)*. Ja he fet el que m'has demanat, Dèmeas.

DÈMEAS: Ets un home de profit. Així doncs, per Pòl·lux, crec just, a parer meu, que avui Sirus sigui declarat lliure.

MICIÓ: Aquest, lliure? Per quin motiu?

DÈMEAS: Per molts.

SIRUS: Oh, estimat Dèmeas, que bo que ets, per Pòl·lux! Jo, els vostres fills, tots dos, els he pujat des de petits amb tota la cura del món: els he instruït, els he aconsellat, els he donat sempre tots els bons preceptes que he pogut.

DÈMEAS: És ben evident! I després també això: proveir-los a consciència, portar-los barjaules, organitzar-los banquets a ple dia. No són serveis, aquests, d'un home qualsevol.

SIRUS: Quin encant de persona!

DÈMEAS: Per acabar, avui en la compra de la citarista, ell ha fet d'auxiliar, s'ha encarregat del tracte: és just que sigui recompensat; els altres esclaus milloraran. I, per acabar, aquest *(assenyalant Èsquinus)* ho vol així.

MICIÓ: *(A Èsquinus.)* Ho vols així?

ÈSQUINUS: Sí.

MICIÓ: Si així ho voleu... Sirus, escolta, vine cap aquí amb mi. *(Li posa la mà sobre el cap.)* Sigues lliure!

SIRUS: Fas bé. Us estic molt agraït i sobretot a tu, Dèmeas.

DÈMEAS: Me n'alegro.

ÈSQUINUS: També jo.

SIRUS: Ho crec. Tant de bo la meva alegria sigui completa i pugui veure Frígia, la meva dona, lliure, al costat meu.

DÈMEAS: Una dona excel·lent, per cert.

SIRUS: I per cert que ella, avui, ha estat la primera a donar el pit al teu nét, el fill d'aquest.[74]

DÈMEAS: Per Hèrcules! La veritat és que si ella ha estat la primera en donar-li el pit, no hi ha dubte que és just afranquir-la.

MICIÓ: Per aquest motiu?

DÈMEAS: Per aquest. *(A Sirus.)* Per acabar, agafa'm els diners que t'ha costat.

SIRUS: Que tots els déus, Dèmeas, compleixin sempre tots els teus desitjos!

MICIÓ: Sirus, que bé que t'han sortit les coses avui.

DÈMEAS: Això si tu, Mició, compleixes el teu deure i li deixes uns quants dinerons que tinguis a mà per a les seves despeses, que te'ls tornarà de seguida.

MICIÓ: Ni això. *(Amb un gest amb el dit.)*

DÈMEAS: És un home de profit.

SIRUS: Per Hèrcules que te'ls tornaré. Deixa-me'ls només.

74. Èsquinus.

ÈSQUINUS: Vinga, pare!
MICIÓ: Després, m'ho pensaré.
DÈMEAS: Ho farà.
SIRUS: Oh quin home més bo!
ÈSQUINUS: Oh quin pare que tinc més encantador!
MICIÓ: *(Adreçant-se de cop a Dèmeas.)* Què significa això? Què és el que ha canviat el teu tarannà tant de cop i volta? Quin caprici és aquest? Què és aquesta generositat sobtada?
DÈMEAS: T'ho diré: el que pretenia era demostrar-te que si aquesta gent et considera amable i encantador, no és pas per la integritat de la teva vida, ni tampoc pel que és just i bo, sinó per la teva permissivitat, indulgència i generositat, Mició. Ara bé, Èsquinus, si la meva manera de viure no us agrada perquè no ho aprovo absolutament tot, sigui just o injust, no hi vull saber res: gasteu-vos-ho tot, compreu, feu el que us vingui de gust. Però si hi ha coses que per la vostra joventut no veieu clares, desitgeu amb massa passió o mostreu poca prudència, i voleu que jo intervingui per renyar-vos, corregir-vos, ajudar-vos si és el cas, vet-me aquí, a la vostra disposició.
ÈSQUINUS: Ho deixem a les teves mans, pare. Tu saps millor que nosaltres què s'ha de fer. I què passarà amb el meu germà?
DÈMEAS: Deixo que se la quedi; però que sigui la darrera vegada.
MICIÓ: Molt ben dit.
EL CANTOR: Aplaudiu!

CLÀSSICS DE GRÈCIA I ROMA

1. Homer, *Ilíada*, introducció, traducció i notes de Joan Alberich
2. Homer, *Odissea*, introducció, traducció i notes de Joan Alberich
3. Sòfocles, *Antígona*, introducció, traducció i notes de Joan Castellanos, edició revisada per Joan Alberich
4. Sòfocles, *Èdip Rei*, introducció, traducció i notes de Joan Castellanos, edició revisada per Joan Alberich
5. Aristòfanes, *Els núvols*, introducció, traducció i notes de Mercè Valls
6. Eurípides, *Medea*, introducció, traducció i notes d'Àngela Carramiñana
7. Plaute, *El soldat fanfarró*, introducció de Joan Carbonell i de Montserrat Llarena, traducció i notes de Montserrat Llarena
8. Ovidi, *Metamorfosis*, introducció, traducció i notes de Ferran Aguilera
9. Apuleu, *Psique i Cupido*, introducció de Joan Carbonell, traducció i notes de Bàrbara Matas
10. Aristòfanes, *Lisístrata*, introducció, traducció i notes de Joan Pagès
11. Hesíode, *Teogonia / Els treballs i els dies*, introducció, traducció i notes de Joan Castellanos, edició revisada per Joan Alberich
12. Horaci, *Art poètica*, introducció, traducció i notes de Narcís Figueras
13. Sèneca, *Fedra*, introducció, traducció i notes de Paco Carbajo
14. Tit Livi, *Els orígens de Roma*, introducció, traducció i notes de Bàrbara Matas
15. Publi Virgili, *Bucòliques*, introducció, traducció i notes de Jaume Medina
16. Plaute, *Psèudolus*, introducció, traducció i notes de Paco Carbajo

17. Ciceró, *Defensa del poeta Àrquias*, introducció, traducció i notes de Gerard González Germain
18. Sèneca, *Medea*, introducció, traducció i notes de Mercè Otero Vidal
19. Juli Cèsar, *La guerra de les Gàl·lies*, introducció, traducció i notes de Bàrbara Matas
20. Aristòtil, *Política*, introducció, traducció i notes de Joan Alberich
21. Terenci, *Els germans*, introducció, traducció i notes de Gemma Puigvert i Planagumà
22. Ovidi, *L'art d'estimar*, introducció, traducció i notes de Teresa Puig i Ortiz